JN017825

伊藤沙莉

【さり】ではなく【さいり】です。

KADOKAWA

はじめに

『3年B組金八先生』
第7シリーズの第7話「友情が芽生える時」
私が生きていく上で
大切にしてきた言葉がそこにあります。

「あなたに優しくできたから、
優しい私になりました。
私を作るのは、あなたです」

金八先生が独り言のように噛み締めるように
呟くそのセリフが大好きで
本当にそうだよなぁと思いました。

私が私であるのも私になったのも
私の人生に関わってくださった人たちや
見てきたもの、聞いたこと、
そんな色んなのがあってこそだなと。

なので、
そんな色んなのをチョロっとお時間頂いて
チラッと盗み見て頂けたら幸いです。

私事ですが、こんなんできました。
感謝を込めて。

はじめに

STAFF

ブックデザイン　鈴木成一デザイン室
平林美咲（鈴木成一デザイン室）
撮影　大靍 円
スタイリスト　吉田あかね
ヘア&メイク　AIKO
調理制作アシスタント　三好弥生
校正　麦秋アートセンター
編集　高尾真知子
大矢麻利子（KADOKAWA）

CONTENTS

マイヒーロー

幼い頃から
私のヒーローは3つ上の姉だった。

誰よりかっこいいと思っていたし
誰より優しいと思っていた。

幼稚園児の時……だか小学生の低学年の時、
まあ細かくは覚えていないけどとにかくなんか小さかった時。
私の将来の夢はしーちゃん（姉）だった。

最初はにんじん、次に魔法使い、それから何故か田中眞紀子さん。
で、最終的に姉になった。

我ながら幼少期の将来の夢とは本当に突拍子もないものだなと
改めて思っている。

薄々情報が広まりつつあるが
私には兄もいる。
なんとなーく想像して頂くのに
簡単な近道を示すのであれば

私、伊藤沙莉にサスペンダーと髭とメガネを着けたら完成するのが兄だ。
あ、最近ネクタイも着けて
ニューバージョンになったんだった。

まあ、そんな兄のことは一旦置いとかして頂きます。

何せ私のヒーローは姉(しーちゃん)だったからだ。

姉のヒーロー伝説は数多くある。

お仕事で忙しい母と伯母に代わって
ずっと一緒にいてくれたのが姉だ。

自分が友達と遊ぶ時でも
家に一人になっちゃうから、と
必ず連れて行ってくれた。
もしかしたら邪魔だった時だってあったと思う。
小さい豆ころをいつも自転車のカゴに乗せて

友達の家や公園に行くのは大変だったと思う。
友達との内緒話だってあったと思う。
だけど、常に一緒だった。

3歳の時、私はとにかく雷が怖かった。
音は大きいし、なにやらただ事じゃない雰囲気で異様に空が光るのも怖かった。
あとなにより、
シンプルにヘソ取られるって思ってた。
ヘソの役割が未だに理解できていないが
3歳なりに取られるのは癪だと思っていたんだと思う。
お母さんとつながってた部分だしね。

とりあえず怖くて怖くて仕方なかった。

ある時
いつものように姉と姉の友達と公園で遊んでいた。
すると最悪なことに
とんでもなく大きい雷が鳴った。光った。鳴った。

伊藤沙莉3歳。絶望の境地。
3歳なりに「終わった」と思った。

そこでヒーローのお出ましだ。

すかさず私を抱き上げた姉は
「大丈夫だよ、帰ろう」
そう言っていつも通り自転車のカゴに私を入れて砂場のバケツを私の頭に被せた。
「落ちないでね」
と言ってとんでもないスピードで家にすっ飛び帰った。

その日は伯母も母も家にいて
帰ってきた勇敢な姉と号泣の妹を爆笑で迎えた。

24年の時を経てこの話を書き連ねていて
ふと思ったことがある。

あのバケツ、まじで誰の？

砂場セットなんて持ち合わせてない伊藤姉妹はシンプルに窃盗をしていた。
本気で返したい。まじで誰のすぎ。

そんな詰めの甘さも含めて、姉は私のヒーロー。
当時6歳の姉なりに
私を守らなくてはいけないと思ったのであろう。

その後も、
私が上級生にいじめられたと聞きつければ
殴りゃしないもののその上級生の教室へ足を運び
「妹が何したってんだよ(以下省略)」

翌日には上級生に謝られた。

姉が守る相手は私だけじゃない。

彼女の同級生には足が不自由な男の子がいた。
その男の子はサッカーが大好きだった。
当時ベッカムヘアが流行っていて
例に漏れず彼もそのヘアスタイルで学校に来ていた。
ある時それを馬鹿にする男子がいた。
その子たちはサッカークラブに所属していて
その男の子に向かって
「サッカーできねえのになんで髪型だけ
サッカー選手なんだよ」
そう嘲笑った。
言っても小学生だから心底邪悪な気持ちで言ったわけではなかったかもしれない。
ほんのおふざけ、
ほんの戯れだったのかもしれない。

だけど許される言葉ではなかった。

そこに現れるのがお待ちかね、姉だ。

「おめーら何笑ってんだよ。
そんな暇あったらこの子の分まで

サッカーうまくなろうとか思わねえのか。
まじでだせーな」

口こそとんでもなく悪いし
『キッズ・ウォー』でも観てるんだっけ？
という気持ちにすらなったが
その話を夜、食卓で未だおさまらない怒りをあらわに話してる姉を
シンプルにかっこいいと思った。
姉にドヤ感はひとつもなかった。

勿論怒られたことだってたくさんある。
怒る、というか、諭す、というか。

私が一時期預けられていた母の幼馴染の家には
私よりひとつ年下のえりかっていう一人娘がいた。
そのえりかが持ってるゲームが楽しくて
やりたくてやりたくて
えりかに頼みたいけど断られる気がしたのか
えりかの母にやってもいいか聞いてみた。
勿論いいよって言ってくれた。

だが遊びに来ていた姉がそれを知った時
速攻呼び出しをくらった。

「えりかのゲームなんだから
えりかに聞くのが筋だろ。
ママに聞くのはずるいだろ。
確実な道選んで楽すんな」

今考えても子供の言う言葉ではないし
いや、いいだろうがとも思わなくはなかったが
私はとにかくしーちゃん教信者だったため
心から反省し、えりかにやっていいか聞いてみた。

とりあえずやっちゃだめだった。

大人になって、お酒の飲み方をまだ知らず
無茶な飲み方をしていた時も速攻呼び出し。

「キモい女だよ」

子供の頃より簡潔な説教だった。
心から反省した。

伝説はここに収まりきらないほど沢山ある。

そんな姉がこよなく愛してるのが海だ。

もう書いてて笑っちゃった。
なにそれ。
こんな急カーブある？

でも彼女は本当に、
こちらが頭を抱えて
「もうどうしてなの?!」
と言いたくなるほど海が好きだ。

休みとあらばすぐ行く。

嘘みたいに寒くても
信じられないくらい風が吹いていても、行く。

私もたまに連れて行ってもらう。
二人になると色んなことを話す。
常に私の道標になってくれるし
１㎜でも道を逸れる信号を読み取ろうもんなら
一瞬で引き戻される。
ちょっと過保護かしら。と思うこともあるけど
でもとにかく幼少期からそこだけは一貫している。
私を守る。ということに関してだ。

いつも元気いっぱいの彼女は
私の前で、たまに、極たまーに、泣く。
いっぱいいっぱいにもなるよな。
そんだけ頑張ってんだもん。
大丈夫。これからは私が守る。
まあ基本は守ってね。
いざという時は任せといて。

海を見つめて幸せそうな姉を横目に
浜辺に座ってそんなことを思っていたことを
ふと、なんか、ふと、思い出した。

伊藤沙莉の
first take 1

乗馬

初めて自分の本を出すにあたり、やってみたいことを訊ねたところ「乗馬！」と即答した沙莉。馬に乗って何がしたいか、どんな衣装を着たいかなど、事前準備の段階からワクワクして迎えたレッスン当日は快晴に！ 緊張から始まった大きな馬との触れ合いも、終了間際には顔をくっつけ合うほど仲良く意思疎通がはかれるようになりました。忙しい毎日の束の間に、念願叶った乗馬クラブでの体験レッスンは何よりもリフレッシュにつながったみたい。

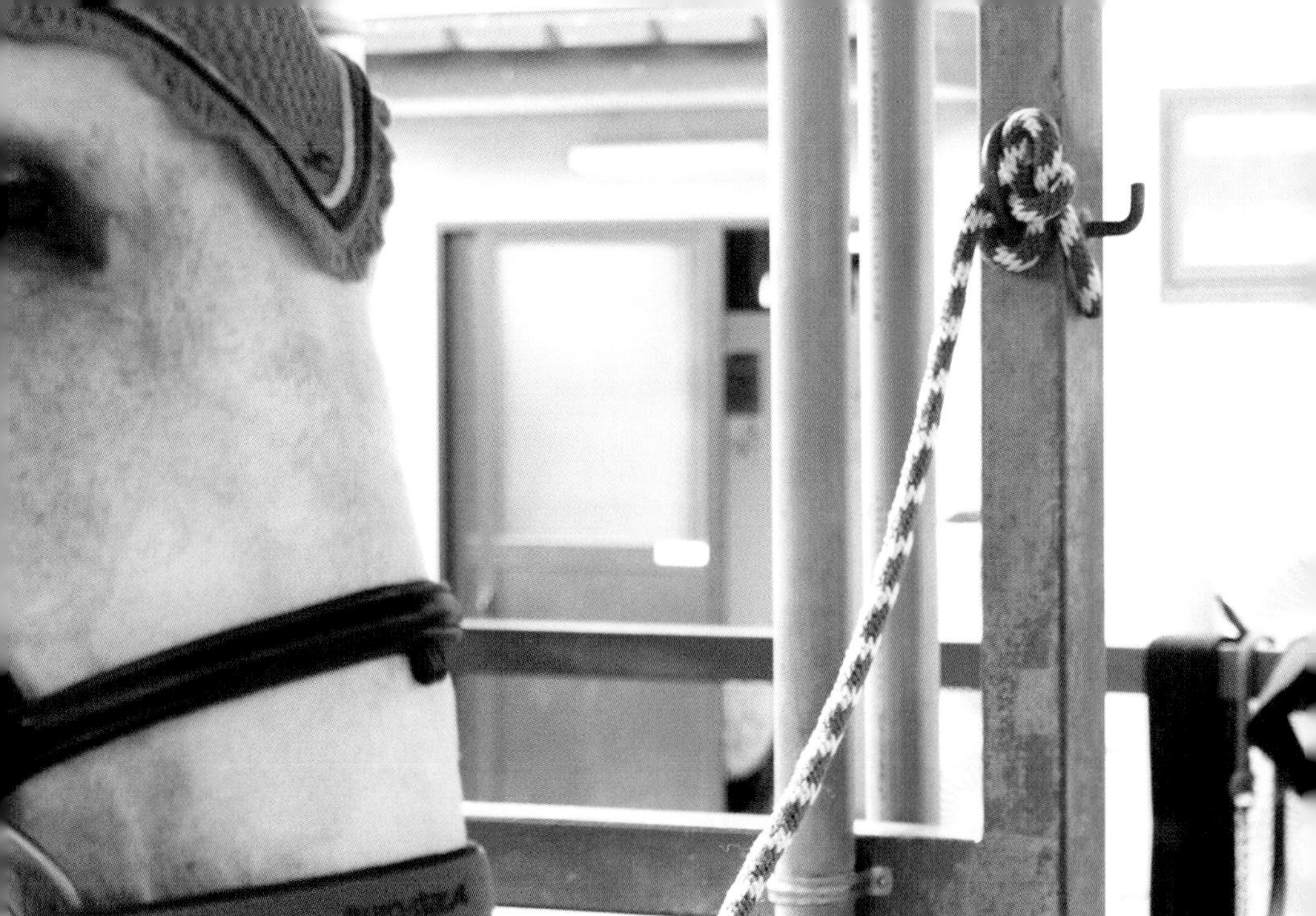

「体験してみて思ったのは、『せっかくなら馬に乗るような役を演じてみたい』ということ。映画のワンシーンのように馬に乗って思いっきり草原を駆け抜けたらめっちゃ気持ちいいはず！　馬を乗りこなせたら夢が広がるし、勇ましい女の子やおてんばなお姫様とか、役の幅も広がるかも。乗馬って戦国的なイメージがあるけど、ポロみたいな馬のスポーツもかっこいいし、英国スタイルのお洋服が大好きだから、今回の撮影は自分の好みドンピシャでした」

伊藤沙莉の
first take 2
陶芸

うつわ好きを公言している沙莉の密かな願いは、自分の手で作ってみたいというもの。願いを叶えるべくお邪魔したのはショップに併設された陶芸教室。所狭しと並ぶうつわを見てさっそくテンションUP！ ろくろ体験では先生からセンスを褒められっぱなしで、作りたいもののアイデアがどんどん浮かび、趣味として続けたいと言うほど楽しかった様子。一人暮らしをして棚に飾るようになったお気に入りのうつわに交じって、お手製がたくさん並ぶ日も近いかも。

「どんな料理にも使えそうな大きめのどんぶりを作りました。いっぱい迷ったけど、色みは料理が映えるものをチョイス。何度も『初めてとは思えない。とっても上手』と褒められたけど、先生に言われたとおり無になってやりました。無になるのが好きなんです。中学校に陶芸部があって、その時からなんとなくやりたくて、10年来の夢を今日叶えました！ そしたらハマりました！ 運命すぎ(笑)。お兄ちゃんのいた部屋が空いてるから食器専用の部屋にしようかな」

私を作った伊藤家の食卓

実家で食べるご飯というのは
いつになっても特別で、
何にも超えられない何かがある。

どの料理もそうだが
ハンバーグとかカレーライスとか唐揚げとか
大抵の子供が好きそうなメニュー。
これらは特に、自分で再現することも
他所で味わうこともできない。

不思議なのが、どれも
特にこれといって「特別な隠し味」とか
そういうなんていうか、
「魔法のようなもの」を
施したわけではないということだ。

別に見たことあるルーだし
別に知ってる材料、調味料。
まあ、そうなるわな
っていう調理工程なのに

何故か誰も真似できない。
本当に長きにわたる七不思議とすら思っている。
一括りに実家の味ではなくても
家族一人一人、この人ならこれだな
みたいな私的に好きな料理もある。

母ならニラ玉とかそぼろの卵焼きとか
伯母ならキンパとかナポリタンとか
兄なら謎のタコライスとか姉なら謎のうどんとか
母と伯母に関しては
もっと数え切れないほどある。
けど後の二人に関しては
ちょっとなにそれ？って感じ。
だけど
私にとってはなかなか記憶に残る美味しい料理だった。

私は家族で食事をしている時間が一番好きだった。ていうか好き。

伊藤家の人間は
一家を代表して皆様の前に現れる機会に恵まれている
私と兄を見て頂けるとなんとなくお察し頂けると思うが
とにかく一人残らずおしゃべり好きだ。
もう喋る喋る。
なんならもはや会話にすらなってない時だってある。
家族でダイニングテーブルにつこうもんなら
まるで『あいのり』の相関図を見ているかの如く
色んな矢印が色んな方向に向いた状態で一斉に話し出す。
そして全員声がでかい。
内緒話なんて最も向いていない家族だ。

そしてもうひとつかなり代表的な伊藤家の七不思議。
なぜだか兄妹三人とも隠し事ができない。
隠しているとモヤモヤして飯も喉を通らないのであろう。
その日あった出来事の発表会みたいな状態になる。
あるいは懺悔部屋状態。
確実に怒られると分かっていても
その日犯した小さな悪事なんかも何故か全員その場でゲロっちゃう。
食事の席の話でゲロっちゃうって表現もどうかと思うけど

これは本当に。ゲロっちゃうのよ。
なんでなのかは未だに謎。

そんな賑やかというかもはや「やかましい食卓」だった。

書く、という作業はここが面白いところなんだけど
書いてて気づいた。

これだ。たぶん。これ。

最初のほうに書いてた
「特別な隠し味」とか「魔法のようなもの」とか。
たぶんこのやかましさ。
これが意外と必須だったんだと思う。
食事中におしゃべりは……、とか
まあ色んなご意見ご感想あると思うけど
ちょっとこれだけはごめんなさい、知らん。
これがなきゃ伊藤家の食卓じゃない。

もちろん味そのものも、本気でどこに出しても恥ずかしくないと思う、
本当に美味しい料理だったけど
家族全員揃って、好き勝手話しながら食べるご飯は
きっとこれからもずっと
どこで何を食べようがＮＯ．１なんだと思う。

以前、母が
一人でも家を出たら家族が前みたいに過ごす日々は二度と戻って来ないって
ふと、こぼしたことがあった。

私はそれを考えると
苦しくて苦しくて、悲しくて悲しくて隠れて泣いた。

現に最近はご時世もあって
落ち着いて帰郷すらできない。

みんなそれぞれの人生を懸命に生きてるわけだし
いいと思う。それで。
前みたいな生活が戻らなくても
普通のことっちゃ普通のことだと思う。

でも、まあ、たまには、
伊藤沙莉的最強で最高の伊藤家の食卓を
たまにはといいつつ、できれば定期的に
開催したいなーなんて、思っちゃってる。

末っ子の願いだもん、たぶん聞いてくれると思うんだよね。
なんだかんだ甘いからさ。

てなわけで、近いうち招集かけよう。
それを楽しみに、一日一日頑張ろう。
それまでは
「特別な隠し味」とか「魔法のようなもの」とか
そういうのは不足してるけど
せめてもの足掻きとして
実家の味をせっせと再現してみよう。

完全版の前座として。

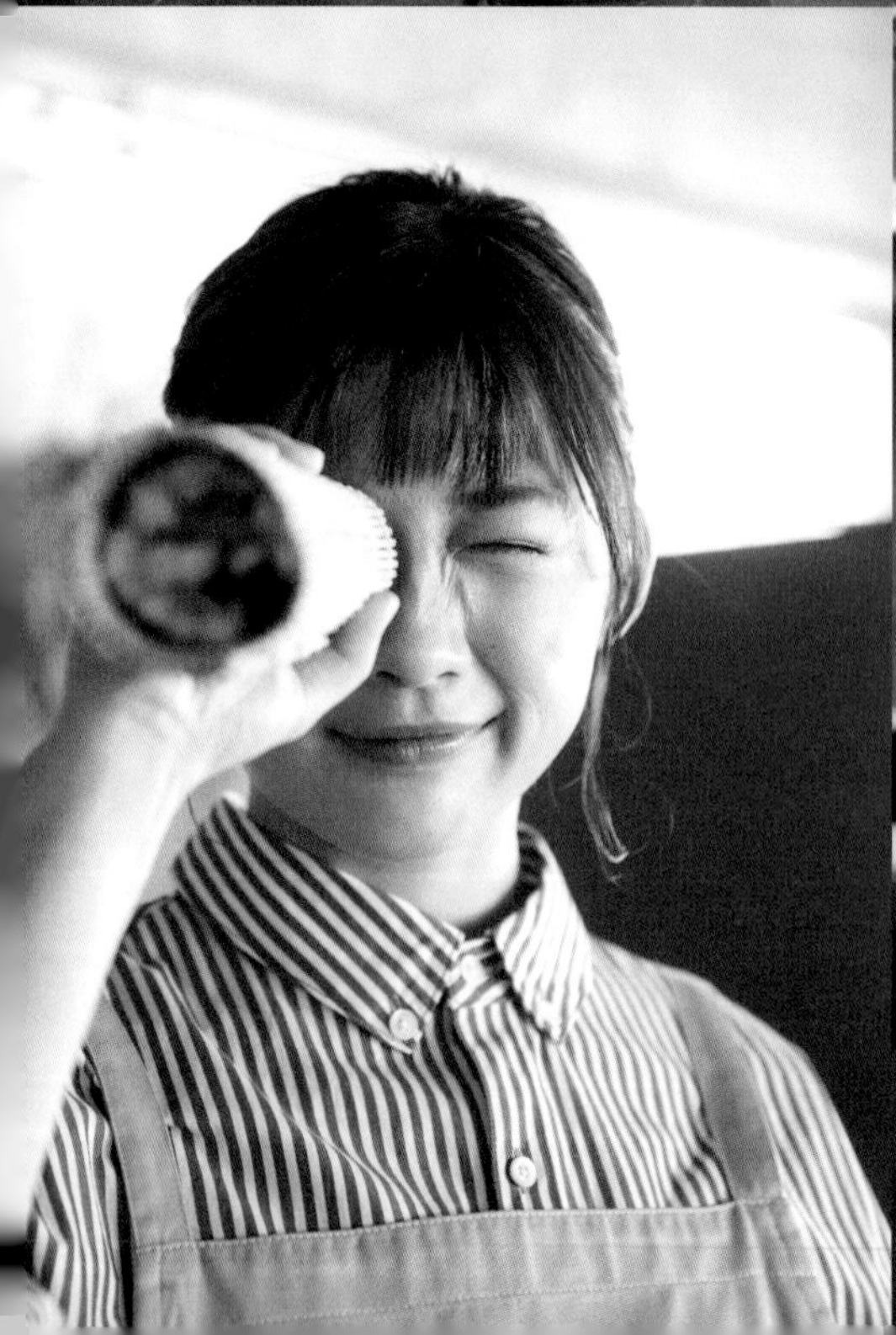

思い出の味レシピ

幼い頃から食べ続け、今でも
大・大・大好きな韓国料理は、伊藤家の定番メニュー!
ひとくち食べただけで懐かしさが込み上げてくる、
母、伯母監修の完全再現レシピを紹介します。

伊藤家の定番!

材料・2本分
温かいご飯…450g
ごま油・白いりごま・塩…各適宜
牛こま切れ肉… 100g
焼肉のタレ…大さじ1と1/2
卵…1個
水溶き片栗粉…適宜
きゅうり…1/2本
魚肉ソーセージ…1/2本
ほうれん草…1/4束
焼き海苔…全形2枚
たくあん…40g(7㎜角の棒状2本)

心もおなかも大満足♡私の元気の源

伯母の本格キンパ

作り方

1 温かいご飯に、ごま油・白ごま各少々を混ぜ、粗熱をとる。
2 フライパンにごま油小さじ1/2を熱し、牛こま切れ肉を中火で炒め、焼肉のタレで味付けし、粗熱をとる。
3 ボウルに卵と塩少々、水溶き片栗粉を入れてよく混ぜる。別のフライパンにごま油を適量ひいて、薄焼き卵を焼く。半分に切っておく。
4 きゅうり・魚肉ソーセージは縦半分に切る。ほうれん草はゆでて冷水にとって水けを絞り、ごま油・白ごま各少々をあえておく。
5 巻きすに海苔を置き、1の半量を手前から4/5あたりまで広げ、半円の薄焼き卵を手前にのせる。
6 薄焼き卵の上に、手前からほうれん草・魚肉ソーセージ・きゅうり・たくあん・牛肉の具材(すべて半量)をのせ、手前からぎゅっと押しながら巻いていく。残りの材料でもう1本も同様に巻く。
7 表面に薄くごま油を塗り、白ごまを散らして6等分に切る。塩とごま油を混ぜ合わせたたれをつけて食べる。

ご飯がすすむ味！
これを食べて
大きくなりました

材料・1人分
ごま油…大さじ1/2
豚こま切れ肉…75g
こしょう…適宜
水…75ml
しょうゆ…小さじ2
うまみ調味料…ひとつまみ
ニラ（4cm長さに切る）…1/4束
長ねぎ（斜め薄切り）…1/4本
溶き卵…小2個分
白いりごま…適宜

いつも兄妹で争奪戦のパーフェクトおかず

母の絶品ニラ玉

作り方

1 フライパンにごま油を熱し、豚こま切れ肉を入れてこしょうをふり、中火で炒めて肉の色が変わり始めたら水としょうゆを加え、うまみ調味料で味をととのえる。アクを取りながら煮る。

2 1にニラと長ねぎを加え、さっと火を通し、溶き卵を流し入れて箸で大きく2～3回混ぜ合わせる。卵が半熟状になるまでふんわり煮て火を止め、白ごまをふる。

簡単！すぐ出来！美味しすぎ！

伊藤家のわかめスープ

材料・2人分
塩蔵わかめ…40g
長ねぎ（小口切り）…少々
ごま油…小さじ2
しょうゆ…大さじ1
水…3カップ
昆布だし（顆粒）…小さじ1
こしょう・白いりごま…各少々

作り方

1 塩蔵わかめは水に5分ほど浸してから塩分を洗い流して水けを絞り、食べやすい大きさに切る。

2 鍋にごま油を熱し、わかめとしょうゆを入れて中火で軽く炒める。

3 2に水を入れ、沸騰したら昆布だしを加えてひと煮立ちさせる。

4 器に盛り、こしょうと白ごまをふり、長ねぎをちらす。

〝ずっと変わらない〟唯一無二の親友対談

伊藤沙莉が地元を語る上で外すことのできない存在、それが小学校からの幼なじみ・あや。気づいたら親友だったという二人は、主従関係かそれともボケとツッコミか、並んで座る姿はまるでお互いを信頼し合う老夫婦のよう！　ホームタウンで久々の再会＆乾杯を喜ぶ親友同士のガールズトークをお楽しみください。

沙　結構久しぶりだね。久々すぎて変な感じ。会いたかった人すぎて緊張する（笑）。

あ　沙莉とは小学校から同じクラスの幼なじみ。中学でもずっと仲良くて、タイプは真逆だったけど、本当によく一緒にいたよね。

沙　なんで二人が一緒にいんの？っていつも聞かれて。でも誰もついてこれないような二人だけの遊びがあるから。

あ　みんなで一緒にいても、すぐ二人になりたがる。

沙　なりたがる！　中学時代によくやってたのは、あやが私のこと、髪型は台風が過ぎてったみたいなのにして、ジャージのズボンはおなかの上まで引っ張り上げて、1組から6組までの廊下を、誰にも「どうしたの」って聞かれずに歩き切れたらマックおごる、みたいなの（笑）。一生やらされてたね（笑）。

あ　毎日やってたね。

沙　はたから見たらあやお嬢様の、貴族の度を超えすぎた遊び

（笑）。遊んでるつもりなんだけど、みんなはあんまり理解できない。だけど私もそういうの大好きだし、基本的にお互いのツボが一緒だから、シュールな笑いを楽しんでたよね。そんなにまで奇想天外な格好してたらすぐ気づかれるに決まってるし、はい、もうマックおごってもらえませ〜ん、みたいな。

あ　二人で盛り上がり始めると誰もついてこられない。

沙　こいつらのツボ、よくわかんねえ、みたいになる。やっちゃいけないことをやることがここまで面白いってことに気づいてないの。違法なこととかじゃなく、例えばだけどわかりやすくいうと出しちゃいけないところで大声出すとか、そういうのが本当に大好きで。でもあやは絶対に自分の手を汚さないから、私にだけ声出させるっていう。

あ　むちゃ振りしても、なんでもやってくれるから（笑）。

沙　最近は常識人になって、街中で大きな声出すと怒るよね。

あ　だって沙莉は声でバレるんだもん。

沙　まあ、これだけ長く会ってなくても、あやは私の中で絶対揺るがない特別だから、不安にもならない。

あ　私もなんか変な自信がある。たぶん沙莉も私のことを特別だと思ってるはずだからって。私に、別のすごく仲いい子がいる時もあるけど、親友は沙莉一人だけ。

沙　「親友は違うよね。友達は友達だけど、うちら超親友じゃん」みたいなのが、ずっと今も変わらないね。今回久しぶりになっちゃったのも、コロナがあったり仕事が忙しかったりもあったけど、気軽に電車に乗って地元に帰れなくなったことも大きくて。

あ　そうね。私は小さい時から沙莉を芸能人という認識よりも、友達がそういうのを始めた、っていう感じだった。気づいたら仲良くなってたし、今も芸能人として見たことがあんまりないな。実家にいた時は休みのたびに会ってたけど、ゴハンだけの時もあれば、休みの日は朝からマッサージ行ったり銭湯行ったりね。

沙　今も関係はそんなに変わってないよね。

あ　変わらず一緒にいられるのもありがたいと思うよ。

沙　めっちゃ恥ずかしいな。結婚したりしたら変わるのかな。それがちょっと怖いんだよね。私が誰に今まで嫉妬したって、あやの彼氏だもん。友達なら絶対取られないってわかってるから誰と仲良くしても平気だけど。

あ　自信がすごい(笑)。

ツボが同じで、シュールな笑いを楽しんでたね　沙莉

沙　一回あやが彼氏と同棲した時、取られないようにルームシェアすればよかったってちょっと思ったことがある。でも、恋愛の話はなんかてれちゃうよね。

あ　「好きなんだけどどうしたら…」とかはなくて、「ちょっとチューしちゃったんだけど!」みたいな。

沙　あー、やっちまったなー、みたいなのはあるね。

あ　事後報告ね。ある程度決まった段階で言うんだけど、お互いにわかってるから驚くようなことはない。

沙　バレてるねー!(笑)。

あ　言わなくても沙莉は感じ取ってくれるよね。

沙　でも、よくわかんないところで、ちょっと隠したくなっちゃうこともある。

あ　家族に怒られるみたいな感覚で言えない時とか。

沙　そうそう、あるある。

あ　沙莉、真面目だから校則もめちゃめちゃ守ってた。

沙　あははは、ダサすぎ。小学校で派手にしすぎて、中学校からめちゃくちゃ規則守るようになった。

あ　全学年でも一人だけっていうレベルで(笑)。中学生の時ってみんな悪ぶりたいのに、沙莉は学校規定の白靴下と真っ白な運動靴で、スカート丈も長かった。

沙　私だけ膝下5㎝。平成生まれですけど(笑)。そういうことにまったく興味がないから、みんながお化粧に命かけてる時間を、朝ごはん食べる時間に回したいっていうね。あやは小学校からずっとオシャレでみんなの中心にいた。女子は憧れるし、男子は好きになっちゃうみたいな。まさにセンター生まれセンター育ち。

あ　そんなことないよ！（笑）。

沙　あるんだよ（笑）。でも横にいる私は、それで卑屈になるよりも「絶対取らないでね、あやの右側は私の場所だよ！」みたいな。あやが注目されるのが当たり前だったから「何見てんの？　あや可愛いでしょ？」って感じで。私の我が強くないのは、そこで鍛えられてるからだね。自分がどう見られるかよりも、あやが面白いと思うことがしたいんだもん。

あ　本当にそうなんだ。高校の時もさ、一回とんでもないマンバメイクみたいなのさせて、町を歩かせたよね。

沙　ひどいの！（笑）　でもあやがそれで死ぬほど笑ってるから、それが一番気持ちよくて。どんなに道行く人が白い目を向けてきても、どうでもいいって感じ。あやが笑ってるからもう優勝した気分。だって誰もやってあげられないでしょ？

あ　うんうん。沙莉は本当にいつもめちゃめちゃ優しいよね。普段はこんなこと言わないけど。

沙　初めて言われた！　恥ずかしい!!

あ　沙莉は優しくて気も回るし、私のことちゃんと見てくれてる。でもちょっと気にしぃなところがあるよね。もっとラフでいいのにって思う時が結構あるかな。

沙　あやはおしとやかなんだけど、気質はめちゃくちゃヤンキー。義理人情の人だから、昔ながらの任侠の人みたいな。

あ　（笑）。

沙　あやは覚えてないって言うけど、中学の時みんなに嫌われたくなくて、私が八方美人してたら、ある日いきなり「なんかさあ、みんなにいい顔してたら本当に大事な人いなくなるよ」って言われたことがあったの。なんならみんなから好かれたいと思ってたから、ぽかーんとなっちゃって。そしたらさらに「本当に大事にしたい人だけ大事にしないと、いつかその人まで失うよ」って言ってくれた。あやのその言葉で、自分の中で区切りがついたのよ。私の中で何かが変わった瞬間だったんだよね。自分の言動に対する人の目を気にしなくなったかな。私は誰にでも自分の情報を全部言っちゃうタイプで、あやはこの人にはココまでしか言わないとか、ちゃんと線引きができる。でもそのほうが人からは信頼されるんだよね。あやがみんなから頼りにされてるのは、いちいち仲良しごっこしないで、ちゃんと大事にするところがあるからなんだなと。

あ　それは沙莉が損するなって思ったのよ。ちょっと聞かれただけで100%話さなくてもいいのに、言わなきゃ失礼みたいに気遣いで全部話しちゃうでしょ。それって結局沙莉の損になっちゃうじゃん。今はだいぶ

むちゃ振りになんでも応えてくれる沙莉が大好き　あや

あやに言われて、絶対に現実に引き戻させない役者になろうと思った　沙莉

大人になって成長したと思うけど、そういうので損してほしくないの。大事だからこそ嫌な思いをしてほしくないし、つらい姿も見たくないと思ってるよ。

沙　やだ、私たち付き合ってる!?(笑)　本当に私たちってケンカはしないんだけど、中学生くらいから謎の倦怠期と謎の冷戦期があったよね。最近はないけど。

あ　お互いがそれぞれちょっと忙しかったり、充実してたりすると、全然連絡とってなかったとかあるよね。

沙　なんとなく相手の出方を見てるね。つれない返事がきたら、ああ今じゃないんだなって。でも恋愛で病んでたらすぐ駆けつけるし、この間は久々に長電話もした。

あ　電話すると嫌がるじゃん。

沙　あんまりね、コロナ期間で鍛えられたけど。あやってそれ知ってて、わざわざ電話かけてくるでしょ。

あ　だから私はすっごいニヤニヤしながらかける。

沙　暇電ていうのがよくわからなかったんです。たまに職場から休み時間にビデオ通話かけてきてもしゃべらないとか、通用口で挨拶してるところをひたすら見せられて。なにこれYouTubeかな?って。あやはたぶん暇だからしゃべりたいんじゃなくて、暇だから笑いたいんだよね。だから同級生の写真とかLINEスタンプの絵文字にあるいろんな顔を押して、それに似てる同級生の名前をひたすら言ったり……。

あ　なんていうの?あれ(笑)。

沙　スタンプボケ?　そういうのをあやが笑わせてほしい時だけ、あやの気が済むまでひたすらやってる。

あ　本当にそうかも。満足したらじゃあね、みたいな。私といる時も"素"なんだろうけど、家族といる時の沙莉はもっと素の状態だよね。私には割とお姉さんしてくれるけど、家族の中では完全に末っ子じゃん。

沙　わははは!　ただのわがままっ子だね。

あ　伊藤家は本当にめちゃくちゃ仲いいし、人の家に行ってこんなに楽しいことあるんだと思ったくらい、むしろ家族がいる日に行きたいくらい楽しい。

沙　19歳くらいのマジで仕事なかった時は、私もあやの家にしょっちゅう泊まりに行ってたね。

あ　あの時はめちゃくちゃ毎日一緒にいたね。

沙　ちょっと前まで付き合ってた人と三人で仲良くて。

あ　三人でずっとコンビニの駐車場でアイスとか食べてね。何をしなくてもいいの。ただ会えれば。

沙　気づくと今日は何もしゃべってない、みたいな時も。ただ、ちょっとだけふざけてる、みたいな。

あ　全然ちょっとじゃないけど(笑)。一緒にいる時はめちゃくちゃふざけてて、こんな感じでお仕事できてるの?って思うこともあるけど、インタビュー記事とか読むと、すごく難しい言葉を使ったりしてるよね。沙莉は努力してるところを人に見せないから。いつこんなにセリフ覚えるんだろうってくらい、仕

事の沙莉が全く違いすぎる。本当にプロだなって思うよ。

沙　ふふふ（照）。

あ　日常とは違う世界の話も多くて、沙莉もその世界のことを知らないはずなのに、何にでもなれちゃうのがすごい。いつそうなったの？

沙　あっはははは！

あ　私は『トランジットガールズ』とか『ラストコップ』が好き。最初はどういう気持ちで観ればいいんだろうって思ってたけど、毎回入り込んでその役になってて、友達が演技してるわ～みたいには全然思わないし。ほら、私ってドラマを冷めた目で観ちゃうところがあるから。

沙　ああ。でもそれ、私の軸になってるよ。あやがいきなりなにかのドラマを観て、〇〇さんのお芝居って本当に好きじゃないって言うから、どういうことか聞いたら、「いま自分はドラマを観てるんだってすごい思わせられる。そんなつもりで観たくないのに」って。それを言われてハッとした。観る人に、役の人生の一部をのぞき見してるような気持ちにさせないといけないんだって。のぞき見がクリアできれば、描かれてる人生の前後も気になって引き込まれるでしょ。それを聞いて、絶対に現実に引き戻させない役者になろうって思った。過去の取材とかでも、いろんなところで言ってるんだけど、それは全部あやのことだよ。

あ　あはは。

沙　お互い絶対にスクールスマートではないし、地頭で闘ってきたタイプだから自意識過剰みたいに思われたくないけど（笑）。あやは節目節目にそういうことを気づかせてくれるし、いまだにやっぱりあやの言葉にはっとさせられることが多いの。

あ　うん。私も沙莉が出てるだけで作品が観たくなる。沙莉だからっていうのもあるけど、絶対面白いじゃん！って思わせられる役者さんというか。友達としても、普通に役者さんとしても気になるよ。ところで、こんな話で大丈夫だったの？　私、語彙力ないから心配。めっちゃ緊張したー！

沙　あや、見たことがない顔のこわばり方してたよ。

あ　慣れないし、逆に沙莉だから緊張したよ。

沙　でもあやにもちょいちょいモデルとかのオファーがあったじゃん。意外と断ってさ。

あ　自信もないし、あんまり興味もなくて、それより沙莉に何させるか考えてるほうが一番楽しいよ。

沙　ふふ。正直、二人で番組やりたいな！　あやにいろいろやらされて、私だけが損する番組（笑）。

after talk
by あや

沙莉は売れても全く変わらない。鼻も高くならないし、まったく気取ってない。こんなに変わらない子がいるんだね。芸能界で仲いい人ができて、もちろんできることはいいことだし、その人とのほうが話が合うかもしれないなって考えることもあったけど、二人で会うと、瞬時に二人の世界というかもとの関係に戻っちゃう。それは沙莉が変わらず、ずっとそのままでいてくれてるから。普通の女の子だけど、とびきり面白い女の子。私が人生で会った誰よりも一番面白くて、声が出なくなるほど笑っちゃうのが沙莉。一緒にいてラクだし、思いやりがあって、自分を犠牲にして他人のために動ける人だから、尊敬してる。

沙莉が大事だからこそ、損してほしくないし、つらい姿は見たくない　あや

ポンコツ人生

人間伊藤沙莉の生態を一言で表すなら
ポンコツである。

サバサバしてる、とか
ハッキリしてる、とか
テキパキしてる、とか
声のせいなのかそういうイメージを
抱いて頂くことが何故かとても多いのだが
とんでもない。

なんなら真逆である。

人見知りなのもあってただ単に喋れなかった現場では
まさかの「クールなんですね」
といったご感想まで頂いたことがあるのだが
私を含め、私を知ってる身内の人間たちからしたら
「んなわけあるかい案件」だ。

「どんくさいお調子者のポンコツ人間」

これでやっと全員納得のはずだ。

家族からはよく、
変な子、不思議な子、意味不明、二重人格、アリみたい
そんな感じで言われていた。
アリみたいに関しては未だに
何故なの？以外の感想が浮かばないが
そういう印象だったみたいだ。

みんながみんな、自分にとっての普通の中で生きている。
例に漏れず私もそうだ。
なので皆の言ってることはむしろこちらが不思議。
といった感じだ。

ただポンコツだったら大納得。
なので軽くポンコツたる所以をご紹介したいと思う。

幼稚園の時の私はとにかく手癖が悪かった。
もちろん悪事を働いている自覚なんぞ微塵もない。
今でも似たところはあるのだが
興味があるものが目の前にあると
それ以外を全てシャットダウンしてしまうところがある。
もちろん他に興味の湧くものが目の前にきたら
そちらに移動してまたシャットダウン。
視野が極狭なんだと思う。

幼稚園には魅力的なおもちゃが沢山あった。
そして持ち帰っちゃ怒られていた。
スーパーではDr.スランプアラレちゃんのとても可愛いノートがあって
頼んでも買ってもらえない気がしたのか
一枚拝借。秒で現行犯逮捕だった。

そんなある日。
今思い出しても本当に意味不明なのだが
自分より小さい子の制服が
ミニスカートみたいで可愛く見えたんだと思う。

いつの間にかはいてた。
で、今の私が悪魔の囁きアドバイスをするのであれば
自分のを置いていきな
って感じなんだけど
自分のもちゃっかりカバンにしまって
園を後にしようとした。

その子はパンツ姿で号泣。
そりゃそう。
トイレから戻ったらないんだもん。
スカートが。
ちょうどおむかえにきていた伯母は
日頃の行いからなんとなくピンときたのか
速攻持ち物検査開始。秒で発見。秒で脱がされた。
伯母と共に平謝りした後、
シンプルに交番に連れてかれた。
5歳にして前科者だ。
車で泣き叫ぶ私に伯母は
「逮捕だよ?! いいの?! 牢屋生活です！」
と今思えば笑っちゃうようなお説教を結構な時間してきた。

それ以来、私の窃盗癖は直った。
伯母には感謝が止まらない。

その後の私はとにかくのび太。
元気な、昼寝をしないのび太。
喋り倒すのが大好きなのび太。

テスト0点なんて余裕でとっていたし
考えごとや妄想をしている時に話しかけられても
本当に全くと言っていいほど聞こえない。
言われたこととか、やってることとかやらなきゃいけないこととか
普通に忘れちゃう。思い出しても何故か後回し。

通信簿に書かれてたことといえば
大体マストで「落ち着きがない」。
中学の三者面談で担任が母に言った言葉は
「一度すっとびでてったら最後、戻ってこない」。
先生と母のトホホ顔が目に焼き付いている。

中でも一部では有名だが

私のポンコツバイト伝説はまあああ。
自分で伝説とか言うのもちょっとどうかと思うけど
もはや伝説なのだ。

コンビニのバイト中は
レジ打ち中にシンプルに就寝。
パンはレンジ内でシンプルに爆発。
ハッと起床した時とバンッと爆発した時のお客様の顔は、一生忘れない。

近くで何かがあったのか警察が訪ねてきた時
私は違うことに夢中でよく聞いてなかったが
一応店長に
「なんか知らないおじさんが何か聞いてきました」
と伝達した。
店長からしたら
それを聞いてどうしろと？状態だったと思う。
とても優しい粋な店長だったので
「警察とかじゃなくてか？」と聞いてくれたのだが
私は警察という認識をしていなかったので

「いや、違うと思う、普通の知らないおじさん」
と答えた。
こいつと話しててもらちがあかないと流石の店長も思ったのだろう。
防犯カメラを再生した。
警察手帳を私に向かってガッツリ見せていた。
その時の私はなんか全然違うとこ見てた。

気まずすぎたのでレジに戻った。

居酒屋のバイトでは
ビラ配りしてたら夜の散歩が気持ちよくなって
一時行方不明。戻った時死ぬほど怒られた。

ファーストオーダーは
キッチンに転送するのを忘れて
お客様の喉は一生砂漠。

差し入れのシュークリームをキッチンで食べてる時、
呼び鈴が鳴って

口いっぱいにシュークリームを詰め込んだまま
キッチンから出ようとしたところ
首根っこ掴まれてキッチンに戻された。
漫画かと思った。

クリーニング屋のバイトでは
朝のレジ作業を間違えてまさかのレジ締め。
その日の売り上げは０円となった。
いつも優しかったパートのおばさまからは
「伊藤さんね、前代未聞だよ……」
前代未聞なんて人に言われることが
人生に一度でもあるとは想像もしてなかった。

卵屋のバイトは
のんびりしてて、店内にはボッサとか流れてて。
あれ、オルゴールだったかな。
とにかく、たぶん一番性には合っていた。
けど、たまーに卵割っちゃったり、個数間違えたり。

こんな普通に笑えないことばかりしでかしてきた。

でも何故かどこの人たちもみんな優しかった。
もちろん毎度死ぬほど反省していたし
なんでできないの?!って自暴自棄にはなっていたが、
皆様の優しさに救われていた。

以前出演させて頂いた『A-Studio+』でも言ったが
9歳というかなり早い段階で
お芝居に出会えた私は相当ついていると思う。

それしかできないのだ。
お芝居はできてるとか完璧とか
そういうことではなくて、
シンプルに。
本当に正真正銘、性に合ってるんだと思う。

有難いことだ。
そんな職業に、お芝居に、出会えたんだから。
大事にしないといけない。
そこで出会った人たちも含め。

みんなに支えられて、ポンコツはやっと立てるのだ。
だけど甘えてばかりもいられないし、
ポンコツなりに支える側もやっていかなくては。

お世話になったバイト先の方々、
本当にすみませんでした。
本当にありがとうございました。

こんなんでもなんとか生きてます。
ポンコツからは以上です。

仲間はずれ

私は、とても面倒臭い人間だと思う。
まあ人ってなんだかんだ、面倒臭くできてる。
そうとも思う。

ただ、私が私を面倒臭いと思うのは
自分はそれとはまた違う面倒臭いだ、と思ってるところだ。

まずなにより
何かを思い悩んだり、迷ったりした時
例えば人に、友達に、相談したりする。
言ってしまえば、明確な答えなんて求めていない
とまでは言わないが
辿り着けなくてもいい、と思って吐露している部分はある。

そんな時、大抵の人は
みんなそうだよ。
とか
沙莉だけじゃないよ。

とか
そんなアドバイスをくれる。

もちろん有難いし
そうだよなぁ、とも思う。

まあ、時に、いきすぎてるなぁと思うのは
もっと苦しんでる人がいるよ
とか
もっと辛い人はいるよ
とか
そういう類のアンサー。

そういうアンサーを頂いた時
大体私が思うのは
冷たいのは承知で告白をすると
「知るか」である。

いや、「知るか」なのだ。

だって、私は私のキャパで生きている。
それこそ、誰しもがそうだと思う。
私が苦しいって思ってるんだから苦しいんだよ。貴様に何がわかる。
くらいまでいく時はいく。

貴様に何がわかるって
その貴様に自分が選んで相談してるんだろうが、何言ってんだ私
というところでひとまず落ち着くのだが、大体がその繰り返しだ。

良くも悪くも達観してると言われればそれまでなのだが
そうなのだ。

まあ、簡単に言うと面倒臭いと言うより、天邪鬼なのだ。
でも天邪鬼って面倒臭いじゃん。だから、総じて面倒臭いんだと思う。

こんなことを言い出す時点で
面倒臭いことに間違いはないのだ。

何かひとつの「出来事」があった時
考える時間や、自分を説得、納得させる時間が欲しい。

とにかく急かされるのが嫌いなのだ。

そして何より、人と比べたり競ったりが大の苦手だ。
結局そんな世界で現在、現時点では生きちゃってるわけだけど
苦手なもんは苦手なのだ。

その苦手に気づいたきっかけが3歳から始めたダンス。

とにかく競争だった。
競争というのが正しいのかわからないが
なんにしてもオーディション、オーディション。

元々、今思い返せば
意思も何もないままに気づいたら通っていたダンススクール。

最初は、ダンスが好きとかダンサーになりたいとか
そういう同じ志のある子たちと過ごす時間が、ただただ楽しかったしやりがいを感じていた。

当時の私は現在の私から見ると
すげーなって思うくらい目立ちたがり屋だったし
とにかく笑いを取るのが好きだった。

みんなが笑ってくれることが
何より嬉しかったし何より幸せだった。

目立ちたいというのも
そういう仲間内での話で、
表立って何かの代表になりたいとか
みんなを引っ張っていきたいとか
そういうことではない。
そこに関しては今も共通しているところでもある。

要は、ないのだ。
わかりやすいハングリー精神が。
本来こういう世界でなんだかんだ必要なそれが

未だにあまりない。それは当時からそうだった。

楽しきゃよくね？精神なのだ。

そんな中、小3の時
もっとガチ勢なダンススクールに移った。
そこ比べてるわけではないが
周りを見る限り、もっとガチ勢だった。

私の苦手意識は益々強まるばかり。

けどなんだかんだで
ダンスオーディションに受かり
所属していたひとつのグループがあった。
そこにいる時は
楽しいし、グループ内で競うことはほぼないしとにかくぬくぬく幸せだった。
みんなで同じ方向を向いて
みんなで大会の優勝を目指したりしてる時間が幸福でしかなかった。

それと同時に
たまたま誘われたドラマのオーディションに
たまたま受かって
たまたまドラマに出たりもしていた。
つまりはデビュー作。

昔のことなので
今だから言えることとして話すと
まあ、小学生がする生活ではなかった。
昔はもっと緩かったのだ。

規制とかそんなものも切り干し大根くらいゆるゆるだった。

ドラマダンスドラマドラマダンスダンス
そんな生活だった。

スクールに通う時間がなかったので
振り付けは先生が踊ったものをＶＨＳに焼いてもらって家で練習していた。
やっと行けた時にみんなと合わせる。

てな感じだった。

そんなある日。
グループの再編成オーディションが開催された。

グループの必要メンバーは元々七人。
再編成オーディションに参加したのは八人。
つまり新しい子が一人加わった状態。

誰か一人が抜けて、新しい子がそこに入る
という流れは小学生の私にでも容易にわかった。

正直言うと、
その誰か一人が自分だということも
たぶん、薄々気づいていたと思う。

案の定、私は落ちた。

あえて言うが、
クソ野郎って思った。

全員大っ嫌い、大人大っ嫌い誰も信じない、クソ野郎って思った。

返せよ私のユートピア。

そんなことを思いながら、
合否発表を聞いたその場で泣き崩れた。

いきなりじゃん。
いきなり仲間はずれじゃん。
聞いてないじゃん。言ってくれなかったじゃん。

誰かを責めることでしか
その場を乗り切ることができなかった。

泣いて立てなくなった私を
伯母は黙って担いで竹下通りを歩いた。

メンバーの子たちは皆泣きながらギリギリまで、
スタジオを出ないギリギリまで、追いかけてきてはいたし
見えなくなるまで名前を叫んでくれていた。

大好きだった。皆が。
だけど伯母は止まることも振り返ることもせず私を連れて帰った。

そんな状況、今になって冷静に思い返すと
新しく入ったその子が一番気まずいし
一番居心地悪いし一番可哀想だ。
ただ、さすがに、小学生の私には
その子の気持ちを考えられるほどの余裕はなかった。

後になって伯母から
スクールの先生、そしてキッズマネージャーから
「このままでは沙莉がやばい。体力的にも、抱えるものも多すぎる。
だからオーディションをやり直す」と言われたということを聞いた。

どちらも片手間でやれることでもやっていいことでもなかったし、
なにより限りない愛と優しさからの判断、決断だったんじゃないか
と自分を説得し、納得した。
時間はかかったが、納得した。

でも、その仲間たちにはしばらく会えなかった。
皆が一緒にいるのが羨ましかったし、
あそこは私の席だったのにって思うようになる自分もいやだった。
人と自分を比べるなんてしてこなかったのに。
人と競うのが本当にいやなのに。

もう決して戻れないのに、
人に席を取られる悔しさをめちゃくちゃに植え付けられた。

ドラマが終わって1年くらい経ってから、ようやくその子たちのライブを見に行けるようになった。
色んなことを、時間をかけて
「しょうがない」ってやっと吹っ切れたんだと思う。

今の私が
しょうがないことはしょうがないって思うのは
こういう「しょうがないこと」の積み重ねからきていると思う。

きっとあの時
自分で選べって言われたほうがきつかったと思う。
もともと私は優柔不断で何も選べないから。

たぶんそういう、表面的に厳しく見える優しさじゃないと
自分からは離れられなかったと思う。

本格的な悲しいものは置いておいて、
そうやって私が感じる仲間はずれには
そういう、愛とか優しさが隠れていることが多かった。
あげるときりがないけど、多かった。

人生においてそれ以上に「仲間はずれ」を感じたのは、やはり家族に対してだ。

伊藤家に、ちょっくら色々ありまして
ホームレス家族誕生の時もそう。

兄と姉は兄のサッカー仲間の家に預けられたのに
私だけ母の幼馴染の家。

その後も
兄と姉は伊藤家の大人の話を聞いているし知っているのに

私だけ蚊帳の外。

兄と姉は母から気楽な数字のお金をちょっと貸してって気楽に言われるのに
私だけ一切言われない。

なんでなのかさっぱりだった。
ただただ仲間はずれだと思っていた。
意味がわからなかった。

けど、時間をかけて、知っていった。理解していった。

意味のないことはひとつもなかった。

そして全てにおいて
そこには愛と、優しさが在った。

すぐには気づけないことだらけなのだ。
未熟だったし、まだまだ未熟だし、これからもあると思う。そういうこと。

だから、
もっと視野を広げて
時間はかかっていいから
そういう色んな愛とか優しさの形を、もっと知っていきたいなって今になって思う。

昔、唯一信頼していたお芝居のコーチが言った
「ドラマは葛藤から生まれる」という言葉を思い出した。

その時苦しくても
思い返せば意外と面白いドラマが
ガンガンに生まれているのだ。
現にこうやって書き物として
ちゃんと成仏していくわけだし。

じゃあ、どんとこいだよね。
面白いじゃんね。
楽しみになってきた。今後の人生も。
悪くないね。こういうのも。

VICHY
CATALAN
HILDON
VICHY
CATALAN

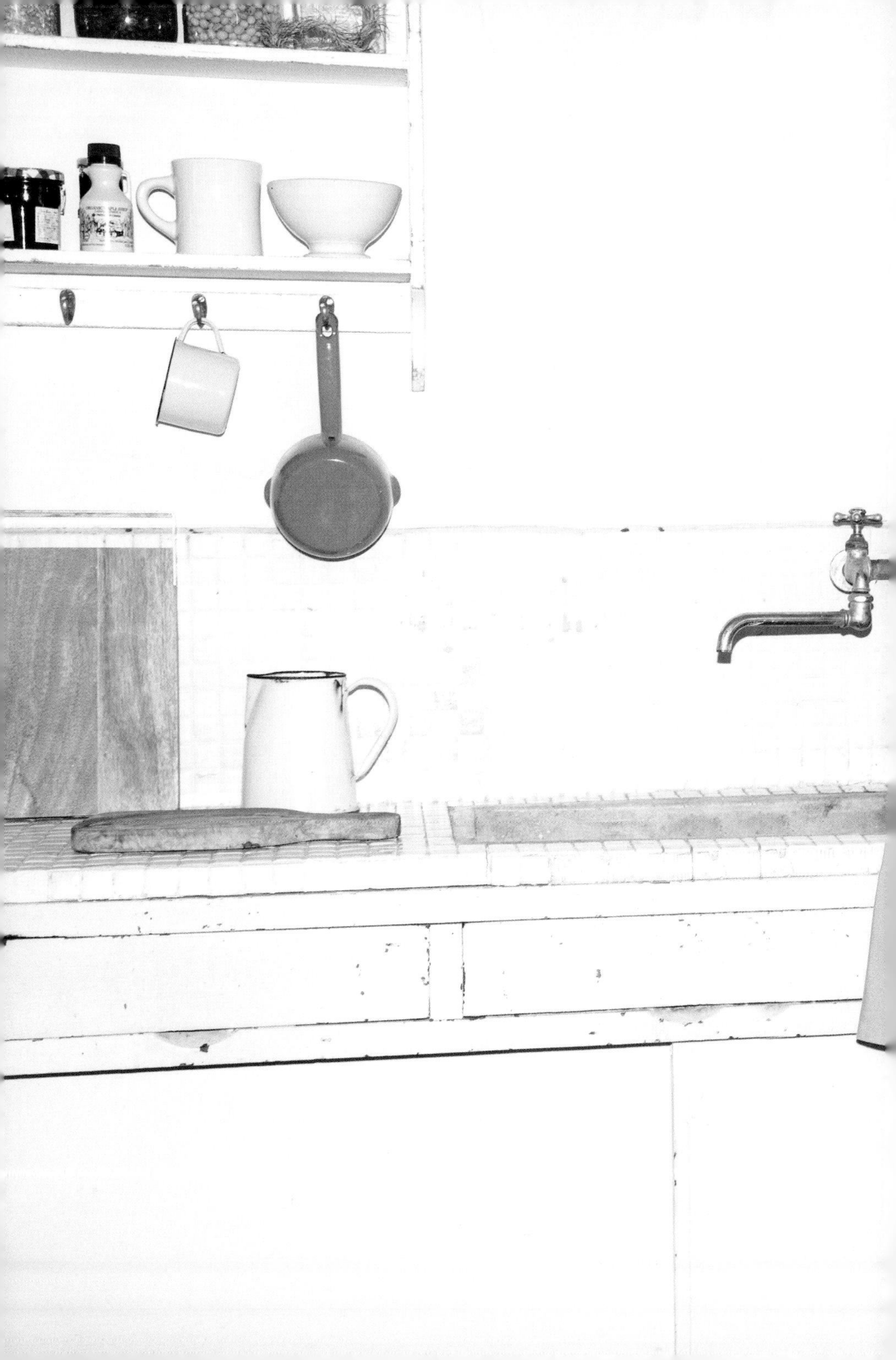

繰り返し観る

インタビューとか普通の会話の中で
結構な頻度で聞かれるのが
「好きな作品はなんですか？」

正直ありすぎて本当に絞れないので
聞かれるたびに3日下さいと言いたくなる。

実際3日頂いたところで絞れるわけがないのだが
選ばなくてはいけない現実から逃げたい気持ちでいっぱいになるので
毎度せめて3日は頂きたい気持ちに駆られる。

幼い頃からとにかくテレビっ子だった。
バラエティにも、ドラマにも
とにかくかじりついて観てる子供だった。
特にドラマは新しく始まるたびに
ほぼ全ての作品の第一話を必ず母が録画していたので
結構偏りなく観ていたと思う。

生意気だが、
好みかわからないがまぁ一応観てみよう
という自分なりのカテゴリーのドラマに
あえて触れてこられたのは母のおかげだと思う。
実際、観てみたらどハマりしたなんて日常茶飯事だった。

映画に関しては
近所に住んでた幼馴染のお父さんがそれはそれは大の映画好きで
幼馴染の家には
ここはビデオショップですか？というくらいの数の作品が並んでいた。

特に洋画がお好きだったようで、
おかげさまで私自身、洋画に触れる機会がとても多かった。

映画を観てはその映画の「ごっこ遊び」を幼馴染と繰り広げるという日々だった。

マイフェイバリットヒーロー、
ジム・キャリーとの出会いもそこだ。

ドラマにしても、映画にしても、
その世界観にすぐに侵されすぐに影響され
喋り方までそこに出てくる登場人物のようになる変な子供だった。

ドラマ『ごくせん』を観て
伯母に自分を「お嬢」と呼ばせてた時は相当末期だったと思う。
康子という名の伯母のことは「ヤス」って呼んでた。
可哀想に。意味がわからない。

けどそうなるくらいには
さまざまな作品から影響を受けていた。

新しい作品もそりゃ観るが私はとにかく擦《こす》り魔だ。
一度ハマったものは大抵家族から
「また？（汗）」と言われるくらいには観る。

一人暮らしになった最近の悩みは
その頻度が新しい作品に触れるよりも多くなっていることだ。

ずーっと同じ場所にいる。

ずーっと同じドラマを観続けて
ずーっと同じ映画を観続けて
それじゃ飽き足らず
最近流行っている映像コンテンツでは観られない
過去にハマったドラマや映画のＤＶＤを集めることにハマり始めている。

何故かわからないが
何度観ても面白いのはもちろんだが
ほっとするのだ。

安全な場所にいる感覚というか。
冒険心があまりない性格からなのか。

例えば邦ドラマだと
『みにくいアヒルの子』
『人にやさしく』

『ムコ殿』
『池袋ウエストゲートパーク』
『木更津キャッツアイ』
『ぼくの魔法使い』
『タイガー&ドラゴン』
『歌姫』
『ランチの女王』
『カバチタレ!』
『春ランマン』
『SCANDAL』
『古畑任三郎』
『最高の離婚』
『Woman』
『それでも、生きてゆく』
『カルテット』
『オレンジデイズ』
『STAND UP!!』

基本これ

邦画だと
『手紙』
『下妻物語』
『キサラギ』
『パッチギ！』
『GO』
『ハルフウェイ』
『ゴールデンスランバー』
『フィッシュストーリー』
『アヒルと鴨のコインロッカー』
『陽気なギャングが地球を回す』
『ステキな金縛り』
『ザ・マジックアワー』
『クレヨンしんちゃん』の映画シリーズ

基本これ

海外ドラマだと
『glee』
『GossipGirl』

『デスパレートな妻たち』
『Empire 成功の代償』
『ドリームハイ』

基本これ

洋画だと
『ふたりの男とひとりの女』
『ディック ＆ ジェーン』
『トゥルーマン・ショー』
『モンキーボーン』
『Mr. ＆ Mrs. スミス』
『Black ＆ White ／ブラック＆ホワイト』
『ミセス・ダウト』
『シカゴ』
『バーレスク』
『ドリームガールズ』
『キャスパー マジカル・ウェンディ』
『スパイキッズ』シリーズ
『ハイド・アンド・シーク　暗闇のかくれんぼ』

『プラダを着た悪魔』
『ブライダル・ウォーズ』
『SEX AND THE CITY』
『ファニーゲーム U.S.A.』

基本これ

順不同はもちろんのこと
もっと沢山あるのだが
もうなにがなんだかわけがわからなくなったので
ちょっとやめた。

文章を書いてたことを
忘れかけたので。ちょっとすいませんけど。

ただこれらの作品は
もう本当に過剰摂取どころじゃないレベルで観ている。

そして知らない間に

お芝居にも自分自身にも
何かしら影響を与えてくれている。

登場人物のセリフが自分の道標になったり
あの人のあの表現どっかでやりたいなって
その時が来るのが楽しみになったり。

現実逃避もできるけど
現実へのヒントも沢山くれる。

夢があるけどとてもリアルで。

大好きだ。

逃げ込む場所であり、
背中を押してくれる存在でもある。

せっかくこのお仕事に就けたのだから、
自分も自分のお芝居や出演させて頂いている作品を観た誰かに

そう思ってもらえる日が来ることを、
嫌になるほど
擦ってもらえる日が来ることを、夢に見ながら
ただただ大好きなお芝居の世界の片隅に
ひょっこり、こっそり、何気なく、
居させて頂こう。

声

伊藤沙莉に対するご意見ご感想を聞いた時
間違いなく圧倒的に多いのが声に関することだ。

有難いことに街中で気づいていただける時も
大体が喋った時とか笑った時。
伊藤沙莉かなぁ
が、
あ完全に伊藤沙莉だ
になる瞬間は大体が声を発した時なのだ。

記事にして頂いたこともあるので
知ってる方もいるかもしれないが
コンプレックスだった時もある。
なんだこの声。いらないなぁ。邪魔だなぁ。
めちゃくちゃに思っていた。

ただそのコンプレックスは生まれながらのものではない。

徐々に徐々にそうなっていったのだ。

小学生の時なんかは
むしろいい感じに思っていた。
ドラマのオーディションでは
面白がられるし、覚えてもらえるし。

小学校にめっちゃ怖いで有名な音楽の先生がいて
映画『千と千尋の神隠し』の主題歌
「いつも何度でも」の歌唱テストがあった時なんか
まさかの大絶賛された。

「伊藤さんを見習いなさい！
声なんてカッスカスで出てるんだか
出てないんだかわからないけど
ファルセットを諦めません！
とても綺麗です！　素晴らしい！」

褒めてるんだか貶してるんだか
よくわからなかったけど
純粋だった私の耳には

素晴らしい！だけが届いたので
あながち満更でもなかった。

なにより顔こそあまり似てなかった
ヒーローの姉と瓜二つのこの声が
むしろ誇らしかった。

段々とネガティブになっていったのは
中学、高校にかけてだ。
思春期ってのも勿論あったと思う。

西野カナさんとか歌えないし。
私だって会いたくて震えたかった。

ただオーディションで面白がってはもらえるものの
声で落とされることも増えていった。
声が落ち着いちゃってる、とか
声が老けてる、とか

大事なんだなぁ、声って。
関係ないと思ってたけど。
まぁでもそうだよなぁ。って。

そんな中、結構毎度のこと
オーディションに呼んでくださるアニメの監督がいた。

その監督のアニメが大好きだったし
落ちるたび、逆に益々やりたい気持ちに駆られた。

決定打は結果的に最後となった
その監督のアニメ声優オーディション。

少し変わった役だったけど
なんとか勝ち取りたかった。

結果は見事惨敗。
そんなのはもう慣れっこだったけど
落選理由が今までと全く違ったものだった。

「思っていたよりつまらない声でした。
特徴も面白みもない。残念です」

私は当時のマネージャーさんから聞かされたので
実際のところ一言一句間違いないのかは
もはやわからないが
確実にはっきりと何かが崩れ落ちた。
正直我ながら嘘だろ？って思った。

じゃあ今までってなんだったんだろう。とか。
じゃあこんな声なんの得も意味もないじゃん。とか。

ただ汚いだけ。
ただ枯れてるだけ。
ただおばさん臭いだけ。
そうとしか思えなくなった。

現にそんな感想は未だに頂くし
そんな感想を頂くたびに
傷つくより、わかるわかるって感じ。

ただこればっかしは
やろうと思えば方法はあるのかもしれないけど
シンプルに「イジれない」から。
変えられないし、逃れられない。

映画『悪の教典』を撮っていた時
お互い人見知りだったし
あまりお話しできてなかった二階堂ふみちゃんが
たまたま私が調子に乗って
平泉成さんのモノマネをしてる場面に出くわして
すごく控えめにクスって笑ってくれて、
みたいな。
そんないいこともたまにはあったけど。

そういうくらいなもんで。

ドラマ『トランジットガールズ』が放送された時なんて

それはそれは、なかなかにエグい感想の嵐だった。

私はそれまで、いやそれからもだけど
どちらかというとクセのある役をやらせて頂くことが多くて
声の印象がそこに紛れてたのもあったが、
そのドラマに関しては
普通の女子高生の役だったし
なんなら恋愛ものだし
不快に思った方もなかなかにいた。

本気で邪魔だった。

でも不思議なもんで
転機なんてのは意外と何度でも訪れる。

最初に私の心に
愛の光を差して下さったのは
女優の大先輩、藤田弓子さん。

ドラマW『北斗』の撮影時に
本当に少しだったけど
お話しさせて頂ける時間があった。
それまでにも声に関して
プラスのご意見ご感想が一切なかったわけではない。
ただ、藤田さんは私の目を見て
「あなたその声は本当に宝物よ。
神様がくれた宝物。
お芝居をしていく上でね、
声ってとっても大切なのよ。
でもどんなに欲しくても声だけはね、
手に入らないのよ。自分が求めてるものは。
あなた自身がどう思うかはわからないけれど
とても説得力のある素敵な声よ。
大事にしてね」
そう言って下さった。
ゆっくりと、しっかりと、伝えて下さった。

本当に文字通り、スーって光が差した。
不思議な感覚だったけど、

何かが生まれて、何かが成仏した感じ。
うまく例えられないんだけど、そんな感じだった。

あれ？　いいんだ。この声。
嫌になってから、初めて肯定できた気がした。

それから、
映画『ペット2』で、初めて声優に挑戦させて頂くことになり
声のお芝居の難しさと楽しさを知った。

そして
アニメ『映像研には手を出すな！』

人生の中で自分が
連続アニメの主人公を務めさせて頂ける時が来るなんて
想像もしてなかった。
もちろん原作ファンの方々も観るわけで、最初は本当に吐きそうだった。
おなかも痛いし逃げ出したかった。
だけど食らいつくしかないし

アニメにはなかなかの苦い思い出があるので
絶対に少しでも何かしら結果は残したいという気持ちでいっぱいだった。
それが実現できるかは置いといて
どうしても払拭したい何かがあった。
でも途中からは
もうそんなことどうでもよかった。
「浅草みどり」に命を吹き込むことに夢中だった。
何よりとにかく楽しかった。
ルーキーが何をほざいとんねん
という感じなのは重々承知だが
本当に楽しくて仕方がなかった。

映像研の収録期間、
同時進行していたのが
ドラマ『ペンション・恋は桃色』。

その撮影中、リリー・フランキーさんから
トドメの一押しを頂いた。

「子供みたいな顔して
本当に、妙に声に説得力があるんだよなぁ。
聞いちゃうもんな」

大人の先輩に、2度、言われた「説得力」。
そのお二方こそ説得力の塊だった。

じゃあそうなんだって思うことにした。
謙遜とかそんなん一旦取っ払って、
いいじゃないか、少しくらい
自分でそうやって肯定してあげたって。

コンプレックスに思ってることは
意外にも特別な個性や魅力に
大変身することが洋洋にある。
簡単に見捨てないで、諦めないで、
向き合ってみたりするのも悪くない。

少なくともここに一人、
やっとそう思えた人間がいるからね。

ある女の子の物語

これはある一人の女の子のお話です。
その女の子は生まれた国と祖国が違いました。
そのせいか、せっかく出来たお友達は
家族に怒られて遊んでくれなくなりました。
その上、女の子の家はとても貧乏で
幼稚園に通うことができませんでした。
それでも女の子は諦めませんでした。
お弁当を持って幼稚園へ行き、毎日毎日、
柵の外で一緒に踊り、
柵の外で一緒にお弁当を食べました。
そんな日々に彼女はいつしか幸せを感じていました。

それから少しして、
年の離れた姉が働きに出たのをきっかけに
学校に通い始めましたが、すぐに辞め、女の子も家族の為に働きました。
時が経ち、女の子には、好きな人ができました。
ゆっくり愛を育み、結婚し、三人の子供に恵まれました。

しかし、そんな幸せな時間も長くは続かず
女の子の愛した人は大きな問題を残し、彼女の前から姿を消してしまいました。

家を失い、沢山いた友達とも疎遠になりました。

もうダメかもしれない。
そう思った時、女の子は、その昔、
幼稚園に通った日々を思い出しました。

あの時、あんな疎外感の中でなぜ幸せを感じられたのか。

それは、幸せになることを諦めなかったからだ、と思いました。

今、三人の愛おしい子供たちの幸せを諦めちゃいけない、
そう思いました。

女の子は少しの間
子供たちを唯一の友人に託し、一生懸命働きました。
学はないけど、一生懸命働きました。
そして、家族寄り添って暮らせる小さな温かい家を借り、
子供たちを迎えに行きました。

その小さな家に子供たちと帰り
その家ではしゃぐ子供たちを見た時
女の子は心から、
諦めなくてよかった。と思いました。

女の子の人生はまだまだ続きます。
私は彼女の生き方を見習って幸せを諦めない人生を送りたい。
そう思いました。おしまい

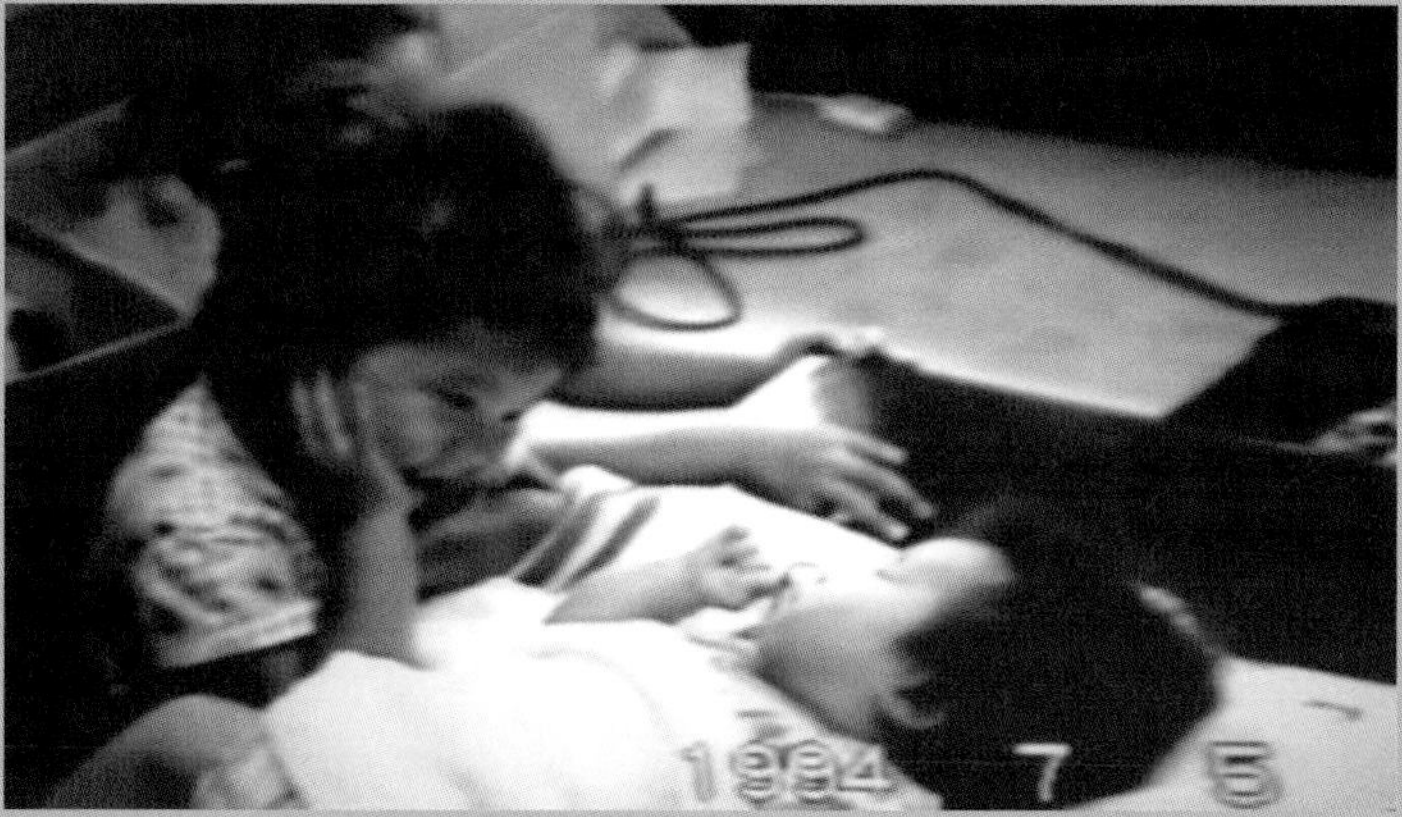
1994 7 5

ワンダーボーイ

ちょび髭

面と向かってだと言いづらいので
手紙を書こうかと思いましたが
なんかまたキモがられそうなので
今時な感じでLINEで送りますね。

しっかり一緒に過ごしたというか
暮らしたのは本当に3、4ヶ月くらいの
ほんとちょっとの期間でしたが
実はとっても楽しかったです。
癇癪持ちなので
たくさん怒ってすみませんでした。

ただ、私なりに、
これはちょっと秘密にして欲しいんだけど
実はとっても楽しかったです。

まじでここまでなんにもしないと
思ってなくて
心底驚愕しましたが、
実はとっても楽しかったです。

貴様のセンスはお恥ずかしながら
実はとっても大好きです。

おもろい日々をありがとう。
仲間と楽しく元気に過ごしてくれ。

まあ、んな馬鹿なって距離に引っ越す
ということなので
たまには飲んだりしちゃいましょう。
なんかあったら
プライド持ってプライド捨ててください。
頼ってください。

では

ありがとうマイシスター

色々なこと全部やんな。
死ぬほど働いて死ぬほど遊びな。
もういいやってくらい。
みんな心配だろうけどなんてことない。
実はちゃんと生きてるのを
知ってますからね。

一番身近に本当のプロがいて幸せです。
刺激になりますずっと。
信じられないと思うけど
ずっと悔しかった。
これはもうやっぱりずっとそうだから、
必ず俺も売れるよ。お互い天職。
死ぬまでやってやろう。

まあ大体のことは困らないと思うけど、
なにかあったら言いなさいね。
俺もお母さんもいももしおりもみんな
最後はお前の味方だから。

溜め込まずに素直に頑張ってな。
たまには飲もう。

本当にお世話になりました。
本当にありがとうございました。

またな！

兄が二人の家から突然の卒業をして少し経ち、
一人の生活にも慣れ、
ふと卒業時に交わしたＬＩＮＥを読み返してみた。

何気に悪くないやりとりだったなと
じんわり位置的にたぶん心臓のあたりがあったかくなった。

兄と私は、元々、激仲良しというわけではない。

5つ歳が離れてるということもあり、
大人になるまで
共通の話題も、共通の友達も、ほとんどなかった。

なので基本的には兄は私に興味がなかったと思う。
真相を聞いたことはないが、受信結果的にそう思う。

ただ、昔から
音楽や映画、ドラマ、お笑いなど
そういうものの趣味は合っていた。

なので何かを鑑賞する時だけは時間を共にすることが多かった。

そんなこともあり、
私は常に兄のご意見ご感想が気になる。
自分の仕事を見てほしい人ランキングで、常に上位に君臨するのが意外にも兄なのだ。

兄は昔から単純かつ複雑。
人って誰しもがそうでしょ
なんて思うかもしれないが、兄に関してはレベチなのだ。
正直、伊藤家の中でもなんだかんだ一番似ている二人なので
以前兄が自身の『ｎｏｔｅ』に書き連ねていて
本当にそうだと思っていたのだが
私も心底人のこと言えない。
言えないんだけど言いたい。

これこそ誰しもがそうでしょ？
なのでまあさくっとご紹介したいと思う。

私は兄が高校に入ったあたりから謎に溺愛されはじめた。
帰ってくるとちゃいりーと顔をぐちゃぐちゃに撫で回された。
嗚呼、私、溺愛されている。という自負があった。

ただわからないのが
「そこなんだ」みたいなとこで突然キレる。
一度私が兄のことをシンプルにまじまじと見つめていると
「なに？　見ないで？」とガチめに言われたことがある。
ダメなんだぁと思った。
溺愛のはずなんだけどなぁと。

溺愛されてるからってガン見していいわけじゃない。
こうだから絶対にこう理論は世の中通用しないんだ。
そんなことを一番兄から教わった気がする。

兄はとにかく温厚だ。
いや、訂正。
素っ頓狂のほうがお似合いだ。
大体のことは「へえ」という顔して見過ごす。

基本的には冷静だし
だけどすごく熱い部分がある。
炎の色で言うと絶対的に青の人だ。

なかなかの揺れの地震が起きて
安否確認のＬＩＮＥを家族で繰り広げても
兄だけが１日遅い。
１日経過してから「全く気づかなかった」のみだ。

忘れることのできないあの大地震が来た時も
部屋で怯えてる私と私の友達の前に
信じられない寝癖で登場したかと思いきや
「あれ、お前ら逃げないの？　俺逃げようと思うんだけど」のみだ。
「なにやってんだ！　逃げるぞ！」とかじゃない。
二次会行くみたいなテンションで誘われた。

兄が相方畠中と一生懸命活動しているオズワルドについて
グループＬＩＮＥで家族会議してる時も
現れたと思いきや「なんだか大騒ぎしているね」のみだ。

素っ頓狂なＬＩＮＥの返事なんて
伊藤家グループＬＩＮＥを読み返せば腐るほど出てくる。
彼はそれほど素っ頓狂なのだ。

しかし、色こそ青だが
炎がちゃんと心に灯る兄には、人情なんてものも人並みに備わっている。

コロナの出現によって
仲良し家族が揃って食事をするのも叶わなかったあの時、
正直兄以外の伊藤家女人軍は
「家族だし……、家で会えば……」
とか
「少しだけ遠目に会えば……」
とか
あわよくばでしかない会話を繰り広げる中
兄だけが
「母と伯母が大事だから言ってる。
失いたくないから言ってる。
ここへは来るな」
と、なんだかとんでもなく壮絶な物語の名台詞めいたものを吐いて見せた。

二次会発言のあの時も
「やっぱちょっと心配だから見てくるわ」
と実家だった団地の上の階に住む足が不自由なお婆さんを
外まで連れてきたことだってある。

なかでも兄の泣く姿は
本当に全米が泣くんじゃないかってくらいそそるものがある。

祖母が施設に入院させられてた時、
たまに会いに行くと祖母は決まって帰り支度を始めた。
迎えに来てくれたと思ったのであろう。
帰る時、そんな祖母を撒かなくてはいけないのが何よりも辛かった。
一度、ガラス扉の向こう側で
「開けて。出して」と言っている祖母を見てしまった時は
崩れ落ちるほど泣いた。

チラと兄を見ると
声を押し殺し、肩を震わせ、堪えながら泣いていた。

その珍しい光景を見て伊藤家女人軍も更に泣いた。

彼の成人式。
伊藤家は決して裕福な家庭ではなかったため
スーツなんて買ってもらえるとは微塵も思ってなかったのだろう。

買ってもらった時、兄は
紳士服のお店で「ありがとうございます」と
前と同じように泣いた。

立ち会った伯母はもちろんのこと
伯母曰く店員さんも泣いていたそうだ。

生い立ち的に
父との思い出はそんなに多くはない。
父は常に「逃走中」だったからだ。
特番みたいな楽しいもんじゃない。
シンプルにガチなハンターから逃げていた。

そんな父が3年前、他界した。
一生懸命死ぬほど働いて
伯母と共に私たちを育てた母の手前もあったのだろう。
兄は父に一切会わなかった。
父を良く言うこともない。
父のことが嫌いなんだろうとすら思っていた兄が、喪主になった。
息子だし。長男だし。そらそう。

正直ソワソワした。
仕事で来られなかったお通夜も本当に？　と思っていた。
それほど嫌なんだと思っていた。

だけど、ギリギリ間に合ったお葬式で
彼は泣いた。
喪主の挨拶中、限界突破を迎えたかの如く
溢れていた。

「どうしたって大好きでした」

やっと聞けた本音がこれだった。

私たちにすら言わなかった言葉。
だけどこれこそが本当に本音だったんだと思う。

ここまできてやっと気づいたんだけど
話長いよね？
サクッとご紹介するはずが
長々とすみませんでした。

要するに、単純で複雑で、いい奴。
いい奴なんです。うちの兄貴。
妹バカと思われようが、いい奴なんです。

職業柄、私の存在や活動を
どうも意識せざるを得ない時期もあったと思うが
関係ない。

素っ頓狂なりにカッケー背中
意外と見てるぜ妹は。
父にたくさん見せてもらえなかった背中

意外と見せてくれてるぜ君は。

そんなことを

嗚呼、今日も寝坊してんのかな、馬鹿だな

と思いながら書き連ねてみました。

一旦辞めさせて頂きます。

絶対的味方

23歳の時、私たち伊藤家には一人、家族が増えた。
もちろん母が私の下に産んだというわけではない。

兄がもう一人出来たのだ。

マイヒーローしーちゃんの旦那、通称こあら。
この通称も今となっちゃ呼び慣れてしまったが
元々は姉が「コアラのマーチに顔が激似」
と言って、ただそれだけの理由で付けた
こんなにまでも定着するとは予想もしてなかったであろうあだ名だ。
なんなら、たまにこあらの本名、或いは本名の漢字を忘れてしまいそうになる
という事態が起きるため
姉はこの「湯婆婆」のような所業を多少は反省するべきだと思う。

姉とこあらは18歳の時にお付き合いを始め
なんやかんやで7年付き合った後、晴れて夫婦になった。

付き合ってる頃から

二人のデートにはよく参加させてもらっていた。
私の数少ない歴代彼氏とも
ダブルデートとやらをしてくれた。

同じ兄でも
こあらとちょび髭ワンダーボーイの大きく違うところを
あえて、とりあえずひとつ挙げると
こあらはどんな時でも絶対に私を責めない。
事実としてちょび髭ワンダーボーイも
「結局最後はお前の味方」
と言ってはくれているが
やはり何をしでかすかわからない末っ子に対しては
どうしても母と伯母だけではなく
兄と姉も保護者気分ではいたので
私のやることにケチをつけることもなくはなかった。

あととんでもなくひねくれたことを言わせていただくと
「最後っていつすぎ」
と若干思っているのもちょっと否めない。

そんな中での私にとっての唯一の絶対的味方が、こあらだ。

私は常々、類ってまじで友を呼びすぎ
と思っているのだが
こあらもわかりやすい普通の一般家庭では育っていない。
うちはうち、よそはよそで育ったので
全てを知りもしない私が語れることは何もないが
共通点は色々と多かったのだ。

だからなのかはわからないが、
こあらはとにかく優しい。
そして愛情に弱い。何より涙もろい。すぐ泣く。

伊藤家は基本的に
子供たちの友達や恋人は完全ウェルカム体制でやってきたのだが
それも彼にとっては
驚くべき親切の塊のように見えたのだろう。

伊藤家からしたら
イェーイ！　人来て楽しすぎー！
という感じなのだが
幼い頃からまだ知らなくていい感情を備えてしまった彼からしたら
驚きの連続だったんだと思う。

自分の家のことをこんな良い感じに言うのも
一体全体どうなわけ？といった感じだが
こう思うのにはわけがある。

姉とこあらの結婚式は
地元の海が見える素敵な式場で行われた。
何せ大の海好きな姉が嫁にいったもので。

その日は大雨の予報だったのにもかかわらず
披露宴会場のカーテンが開くとまさかの大快晴。
姉の底力を見せつけられた気がした。

笑って泣いて、ハンカチ絞れるくらい泣いた

とても素敵な最高の式の最後、
新郎の挨拶で彼は

「まるで自分の家族のように
可愛がってもらって仲良くしてくれて
たくさん色んなところに一緒に行ったりして
僕の誕生日も毎年ケーキを用意して祝ってくれて。
あんなことしてもらったことなかったから
本当に嬉しかったです」

そう言いながら泣いていた。

自分の家族のことをそんな風に思い
そんな風に伝えてくれたことが
とても嬉しかった。

それと同時に、
この人が姉の旦那様に、そして家族の一員になってくれて
本当によかったと思った。

夫婦になれば
今までとはまたレベルの違う壁が二人には沢山立ちはだかると思う。
現に立ちはだかった時も見てきた。

そのたびに、末っ子は心配しつつも
負けんなよ。足並み揃えて。
頑張りすぎなくていいから。負けんなよ。
密かにそう思っている。

実家に帰ると、
唯一私のお酒に付き合ってくれる。
私の話を黙って否定せずに聞いてくれる。
なんならすぐになんでも家族に話す私だが
これ家族に話したら怒られちゃうかも、みたいなやらかした話も
たまにこあらにだけこっそりしたり。

そんな兄がいて、私はとても恵まれている。

責任は一人一人にあって
誰か一人が頑張ればいいものではないので
姉を幸せにしてやってくれ
なんて野暮なことは言わないけど
姉といることで
伊藤家と家族になったことで
こあらが幸せを感じられたらいいな
あったかい気持ちでいられるといいな
なーんて、妹は常に思っていますよ。

いつもありがとう。
帰ったらまた飲みながら内緒話しよう。

麻雀と競馬も教えてね。
だけど君はほどほどにね。

家族の章をなんとか書き終えて、
おっとっと、こあらが泣いちゃう

って書き始めたことは
こあらにも言えない内緒話。
まあ、読んだらバレるけどね。

うちの伯母の話

物心がついたんだかついてないんだかみたいな時。
何歳なんだかも覚えてないけど
もう本当にうっすらの記憶を辿ってみると
そのくらいの時、私は伯母の家に住んでいた。

正直住んでたんだか、預けられてたんだかもちょっとわからないけれど、
とにかく幼少期の「家」の記憶は
伯母と伯父の家だった。

聞くところによると私は
母に抱かれて泣く子供だったらしい。
今考えると母が傷つくようなことも散々言っていたらしい。
「誰?」とかね。
記憶が記憶だからなんとなく察するに
伯母との時間が多かったからだとは思う。
その時の自分の気持ちは本当に思い出せないけど、たぶんそう。
そのくらい本当に小さい頃のことだけど。

伯母と伯父の間には子供がいなかった。
なのでたぶん、普通の「姪っ子」を可愛がる

っていうのとは、またちょっとステージが違ったと思う。

伊藤家から父が脱退した時、
母と兄と姉も伯母と伯父の家に越してきた。
とにかく超絶うっすらだけど
その記憶もある。

伯父は少々荒くれたお方だったので
その生活もたぶん結構すぐ終わった。

たぶんが多くてごめんなさいね。
なにせ幼少期すぎてね。

でもそこ過ぎてからの記憶は
なかなかにあるんですよこれが。

重くなるのもなんだし
この篇はこのテイストでいきましょうかね。

母が私たちを守るために
その家を離れようと決意していざ実行に走った時、
姉は伯母が気になったみたいで。
小さいながらに。ほら。ヒーローだから。

連れてかなくていいの？って
純真無垢に聞いたわけです。母に。
そうだねーって。そうだよねーって。
んで伯母も強制連行。

これにて、現在の伊藤家完成でございます。

ただここからがね、地味に、超絶地味にね、
なかなか大変だったんでございます。

伯母は、私を娘のように可愛がっておりまして、
元々依存というか、独占欲というか、
要するにあんまり強い人じゃなかったんです。
器用でも素直でもないしね。

だからね、偏っちゃうんですね。愛情が。

小さいながらに私自身もそれは重々理解しておりました。
この人私いないとダメなんだなって。なんとなくね。

伯母の口癖は「私は本当のお母さんじゃないから」。

これをね、
否定するべきなのか
どう慰めればいいのか
常に考えて暮らしてました。

だって別に事実ではあるからね。
「のように思ってる」っていうのと
また違うから。事実は。

だから、母にやること、
例えば一番わかりやすいのでいうと
母の日。必ず×2です。

だけじゃなくても。
ただの日常でも。

母とだけハグしたら悲しむだろうか。
母にだけ笑いかけたら辛いだろうか。

常に考えてました。

更に考えなきゃいけないことは
それに派生して母と兄と姉のこと。

伯母ばかり気にかけて母は寂しくないだろうか。
私だけレベルの違う手のかけられ方をされてて
兄と姉はどう思うのだろうか。

物心ついた時には都内のダンススクールに通っていたわけですが、付き添いは常に伯母。
芸能活動を始めてからも伯母はマネージャー代わりで
母と兄と姉の生活をほとんど知らないような時も
ありましてね。
小4の冬なんかは

ほぼほぼ泊まり込みで山梨に撮影行ったりとかもしていたんでね。

でも役割ってあるから。
仕方ないところではあったんですよ。
母は三兄妹の母ですから。
ただそうなるとね、どうもね
やっぱ「母兄姉」「伯母私」
みたいな構成というか構造というか編成というか
まあ勝手にだけどね
できちゃったなーって。思うわけです。

「仲間はずれ」に通ずるとこもありますね。
それに関していうと。

嫌だったとかじゃなくてね
なんというか
これ末っ子特有なのかしら。
わかんないんだけど
寂しかったんです、
自分だけ毎回ちょっと違うことが。

みんな揃って、が良かったんです。

で、まぁ
年1くらいで見る母と伯母の喧嘩もなかなかきついものがありまして。

なにせ大体の原因が私だったもので。

どっちが送り迎えするーとか。
偏った愛情についてとか。
伯母は口癖ぶちかましちゃって
母は口癖にぶちぎれちゃって。みたいなね。

今だから言えるけど、みたいなこと言うと
「私がいなきゃ良かったんじゃね？」
ってのはね、ちょいちょい考えてたんですよ。
「私じゃね？　この家のがん」てな感じで。
私、昔悲劇のヒロイン癖あったんでね。
家族が聞いたら笑うと思うんですけどね。
結構ガチめに、思ってたんですね。

でも伯母は不器用だけど
ちゃんと全員愛してたと思うんです。
ただちょいと私に対してが
言い方選ばず言うと異常だったってだけでね。
まあ今考えても難しいところですけどね。

ただまあ、もうそれはそれは過保護でね。伯母は。
で私もさ、人間なのでね、来るわけですよ、
反抗期が。

一触即発状態なんて日常茶飯時でしたよ。

そん中でもかなり上位の伝説でいうと
「携帯の暗証番号教えないと寝かしてもらえない事件」
これですかね。
とんでもないバトり方しましたね。
母と姉は
「うるさい！　寝かしてくれ！」
って言ってるわけですよ。

布団3枚に家族五人で寝てたわけですから
そら全員ブチギレて当然だわな。

まぁ強いて言うなら唯一兄だけが
「勘弁してぇ」くらいだったかな、発した言葉は。
ほら、素っ頓狂なんで。

異常に思えるかもしれませんが
そんなんが伊藤家の日常でした。
語り出すとキリないからこんなもんにしとくけどベースはこんなん。

ただね
怖いんだろうなぁってのは思うんですよ。
だって、口癖が物語ってるじゃん。
それに伯母が一度私にこっそり言ってきた
一番わかりやすい話。

例えば災害や事故が起きて
あなたたちが母か私かの選択に迫られたとして
結果はわかりきってるし当然だと思う。

そんなのは全然そう思う。
ただその時が来ることを考えただけで
やり場のない感情に襲われる。
何をして欲しいわけじゃないし
こんなことを言うのも間違ってるけど
すごく怖い。

びっくりしたの。
常にそこにいるんだこの人、って。
私からしたら、
てか、たぶん伯母以外の伊藤家からしたら
いや、嘘だろ?って。
家族だろうが。安心しろよ。って。

母は母で寝ずに働いて、働いて働いて
なんとか、どうにか、私たちを
守ってきた。育ててきた。

でも伯母は伯母で

家を、家族を、守っていたと思う。
毎日美味しいご飯を作ってくれていたし、
兄と姉もよく言うけど、
母がいない時とか、
私たちが寂しくなくいられたのは
間違いなく伯母のおかげだし。

それこそ、私一人のことで考えれば
今でこそ東京での生活だけど
そうなるまで
千葉から通いで仕事を続けてこられたのも
伯母の送り迎えがあったからだし。

ただその送迎もね
これ理解できるか分からないんですけど
生きがいのひとつっぽかったんですよ。
伯母にとって。
だから実家を完全に出る決断をした時、
伯母から生きがいのひとつを奪うことに
必然的になるわけだけど、

反応がね、怖かったんです。
どうなっちゃうんだろうこの人、って。
家族の中で一番喧嘩と仲直りをしてきて
その大半が送迎中の出来事で。
思い出も少なくないんでね。

決意表明をして
皆、とりあえず納得してくれて
いざ家を出る日、
沢山の服を詰めてる私の後ろで
伯母の啜り泣く声が聞こえたんです。
かなり堪えてたと思うんだけどね。
で、最初はね、聞こえないふりをして
「あ、これはもう着ないか！」とか
「ださー！　趣味変わったのかも！」とか
笑いながら言ってみたりしたんですけど
ちょっともう限界でね。

勇気を出して振り返ったんです。
振り返って、

「今しかないと思いました、親離れも子離れも。
ここ逃したら厳しいと思います」
そんな感じのことを言いました。
親離れ子離れに関しては
当たり前だけど母も含めの話ですけどね。

平日だったんで、伯母しか家にいなくてね、
母を思えばそれだって、
母もいたかった場面ではあると思うんです。

ただまあ、私と伯母の関係性的に
必要な時間だったとも思うんです。
今思えばね。

で、まあ最後の送迎と言いましょうか。
東京の家まで送ってもらったんです。
何を話せばいいのかわからないし
何か一言でも口にしたら
お互い泣き出しそうで
なんか暗黙の沈黙的な空気がひたすら流れてたんですね。

そうそう、私、伊藤沙莉の特徴としてひとつあげておくと
静寂が怖いんですね。笑っちゃうけど。
無音に耐えられないんです。
だからその時も無言はいいけど無音は嫌。
てな感じで自分のプレイリストをランダムにかけてたんです。
最初は陽気な曲が流れてて、救われた気がしたんですけどね。
続いて流れたのが、たまたま
もう本当にたまたま
ＳＭＡＰさんの『オレンジ』。

二人同時に涙腺ダム決壊。

伯母は「なんでこの曲なのー」って泣いてるし
私は「わかんないけどマジで事故んのだけはやめて」って泣いてるし
わけわかんないけどとにかく二人で思いっきり気が済むまで泣いたんです。
で、気が済んだところで
二人ともなんか冷静になっちゃって、まさかの大爆笑。

「なにこれ？　今生の別れとでもいうわけ？」

そんなことを言い合って大爆笑。
そうこうしてるうちに到着して
帰る時には伯母も「頑張ってね」なんて言って
笑って手を振ってました。

そんなこんなで、無事、上京致しまして。
家族の中で一番ぶつかった相手が伯母だったし、
私も素直じゃないのでね、
ずっと言ってあげられなかったことがあるので
この場をお借りして、軽めに伝えて終わりにしたいと思います。

家族の一員であることに
いい加減自信持っていいんだよ。
怖い想像は捨てていいんだよ。
助けるから。
どっちも。
必ず。

こんなとこでしょうかね。
色々はしょったけど
まあこれが、うちの伯母の話。

我が母

母はとても可愛い人だ。
とにかくいつも笑ってる。

話し方はいい事言おうとする時ほど倒置法。

○○さんはこう言った、……ってね。
これが定型。
文章以外でこんな話し方する人見たことがない。

ハッピーバースデー歌う時は必ず踊る。

先日腰を痛めて、恐らく初めて
「踊れない」という事態に陥った時
すごく申し訳なさそうに謝罪してきた後
一生懸命歌唱に力を入れていた。
そういう業者なの？って思った。

明らかに天邪鬼のくせにそれをイジると泣きそうになるくらい嫌がる。

唐揚げ弁当を頼んだくせに

唐揚げあんまり好きじゃないんだよねって
悲劇のヒロインを演じた時には
いや、そういうとこだよ！
って言うのを死ぬ気で我慢した。
が、耐えきれず言った。
こちらが構えてる時ほどそういうことは多いのだが
何故か爆笑してた。
確かにね！　あっはっはっはっは！！

意味不明だ。

スーパーに行くと必ず欲しいものの倍
気になったものを買ってくる。

大体が、元々あったら買うつもりだったんだの一点張り。

夜ご飯を食べた後コーヒーを飲む時には必ず
「お茶しよ〜」って言い出す。

明らかに眠い時でも何故か茶会を開きたがる。

街で私や姉が大きな声を出した時は
目立ちたい人だと思われるよ！　が決まり文句。
そういうしゃしゃる奴は好きじゃないらしい。

かっこいいところも沢山ある。

よく言う言葉は

一人で神輿は担げねぇ
向こうもそう思ってるよ
思いやりをもて
傷つけちゃいけない
出かける前は喧嘩しちゃダメ
笑ってなさい
おるぁあああ！

最後のは衝撃的に意味不明だと思うが
まあこんな感じだ。

母は、
人は知らず知らずのうちに誰かに支えてもらっているということ、
だから感謝の気持ちは絶対に忘れてはいけないということを
常に教えてくれた。
母自身も常にそう思っている。

兄が昔突然に
「お前、されたことよりしてもらったことを覚えとけよ。同じ人だったら尚更」
と言ってきたことがあって
実は未だに守っている言いつけ的なところがあるが
それこそまさに母の教えだ。

まあ当時の彼はその言葉の後に
「ったく女はよぉ！　わけわかんねえ！！！！」
と言っていたので
何かしら彼にとっての辛い目にあったのであろう。

母が私を産んだのは30歳の時。
すでに伊藤家の雲行きは怪しかった。

色んな篇で書いているが
母の人生はなかなかの映画が一本撮れそうだなとよく思う。

色んなことと闘ってきた。

母は塗装の職人だ。
それも昔からやっていたわけではない。
伊藤家いよいよやばくね？ってなってから突然に始めた。
若くもないし、少々腹は立つが、女だし。
舐められる一方だ。
なにより今でこそ一丁前だが
当時の彼女は全然できなかったから。仕事が。
毎日毎日怒鳴られてたらしい。
職人の世界だし、動けなきゃお話にならないし
仕方のないことだが
それを想像するだけで未だに胸が苦しくなる。

毎日毎日、早朝に出て行く。
毎日毎日、ペンキまみれ。
コンビニに行けば

お釣りをわかりやすく手に触れないように渡される。

大好きな銭湯では
ペンキが残ってないか見られてないか気になる。

でも母が弱音を吐いているところは
一度も見たことがなかった。

姉だけが、一度だけ。
本当にたった一度だけ、
みんなが寝た後にキッチンで泣いている母を見てしまったことがあるらしい。

だけどそれ以外は、
最初に書いたように、母はいつも笑っていた。

コンビニの話もだいぶ大きくなってから聞いたことで
それまでは
「この前コンビニでさぁ、
おばちゃんが手を握って頑張ってねって
お釣り渡してくれたの。嬉しかったー」

こういう話ばかりだった。

銭湯もそう。
露天風呂での母の決まり文句は
「こうやって足を少し出すとのぼせないよ」
そう言ってつま先を少し出して笑っていた。

母は何故かいつも楽しそうだった。

事実として貧乏な家庭だったわけだが
私は伊藤家が貧乏だって思ったことが
実はほとんどない。

ご飯だっていっつも美味しかったし
習い事だってしていた。
今考えるとゾッとする。
毎週毎週東京に高いレッスン代と交通費を払って通っていたのだから。
後から聞いた話、
周りからは散々色々言われたらしい。
辞めさせろ、とか、無理に通わせる必要あるの?とか。

でもそんなこと私には微塵も感じさせなかった。
いつも笑ってた。
たぶんそれが、母のプライドだったんだと思う。

大人になってから
「よく病まなかったね」って言ったら
「病む暇すらなかった」って爆笑していた。

今でこそ朝起きて雨が降っていると
あー、移動大変だなぁとか
あー、なんだか憂鬱だなぁとか
そんなことを思う日が多くなったが
実家にいる時は雨の音で起きるとわくわくした。

母は塗装の職人。
雨が降った日は大体休みになるからだ。
母の軽トラで外食に出かけて
小さい頃の話とかお互いの近況を話す時間が大好きだった。

ただたまに、内部の塗装とか、家の洗浄とかってのがあって
起きて家中捜しても母がいない日がある。
いくつになっても寂しい気持ちになった。
そんな時、よく思い出す幼い頃にあった二つのこと。

ひとつは牛乳配達。
母と伯母は一緒にモーモー号という
牛さんの模様の車に乗って
牛乳配達をしていた。勿論早朝。
私は眠りが浅かったので
二人が家を出る気配とか、音とかで起きては泣いて追いかけた。
そこで私の特等席ができたのだ。
積んである牛乳と並んで
端っこのほうに小さく敷かれたタオルケットの上で
車に揺られながら寝るのがとても心地よかった。
安心できたのだろう。

もうひとつは電話。
母は姉も伯母も不在で私が一人で留守番をしている時には
決まって電話をかけてきた。

で、たぶんだけど、泣いてた。
声は笑ってたけど、なんとなーくそう思う。
ごめんねって何度も言われた。
「何が？」とか「全然大丈夫！」とか
そんなことしか言ってあげられなかった。
状況を理解していないほうが傷つけない気がした。
子供ながらに子供を演ったんだと思う。
「なんでもない！　すぐ帰るからね！」
電話を切る時には母の声は必ず元気に戻っていた。

この本を書くにあたって
最初に自分を知りたいと思い
関わりの深い人たちに私について聞いた時、
母は色々と語った後

貧乏は嫌だけど
それなりに楽しかった日々は忘れないで。
貧乏アパートから団地に越した時
お城だ！　マンションだ！って喜んでた三人の姿を

たまに思い出す。
高価な物を前にしても
これが普通と思う生活はしないで欲しいと思ってる

そう送ってきた。

忘れるわけがない。
母が私たちに与えてくれた家族の居場所は
間違いなく最高のお城だったし
大人になった今、
高級なご飯に連れてってもらう機会がある時には
運ばれてくるご飯を前にすると
未だに家族を思い出して
泣きそうになるのを堪えている。

これが普通、なんてとんでもない。

伊藤沙莉、27歳。
母が私を産んだ歳まであと3年。

敬愛する母のような人間になれる自信は
正直あまりないが
せめて母のように頑張って頑張って頑張って
家族に驚くような美味しいご飯を
沢山食べて欲しいと思う。
そして全力で愛してくれた母と伯母が
優雅に過ごせる最高のお城を建てようと思う。

母は拒む可能性のほうが大きいが、
母が私の幸せを望むのであれば
私の自己満でしかないこの幸せを快く受け取ってくれることを
ただただ祈るばかりだ。

その日まで。
やれることをやろう。
やれるだけやろう。なるべく笑って。
これでもかってくらい、やってやろう。

SAIRI ITO BIOGRAPHY

2003

TVドラマ

14ヶ月～妻が子供に還っていく～

2003年7月7日–9月8日OA

脚本＝瀧川晃代｜読売テレビ・日本テレビ系

[沙莉] 初ドラマ。デビュー作です。右も左もわからない私に皆さんとても優しくしてくださいました。メイクさんでとても厳しく愛のある方が一人いて泣くお芝居ができなかった時、シンプルに怒られて伯母の元へ逃げたことがあります。後日遊園地に連れてってくれました。

CM 小学館ホームパル

「英会話スクール～ダンス篇～」

記念すべき初CM。制作スタッフがドラマ『14ヶ月―』を観て知っていたことがきっかけとなり出演が決まった

2004

DVD DVDシネマ「恋愛白書」

2004年7月3日発売

里中満智子の名作漫画『恋愛白書』の映像化第1弾。須山(津田寛治)の生意気で少しおませな娘を演じた

MV SweetS

「Sky」

2004年11月3日リリース

初のMV出演は5人組アイドルグループのダンスナンバー。アイドルに憧れる少女役で曲のラストに登場!

2005

TVドラマ みんな昔は子供だった

2005年1月11日–3月22日OA

脚本＝水橋文美江ほか｜関西テレビ・フジテレビ系

山村の分校に都会の小学生4人が留学してくるハートフルな物語。素直になれない少女、若槻モモ役

TVドラマ 女王の教室

2005年7月2日–9月17日OA

脚本＝遊川和彦｜日本テレビ

[沙莉] 本当の学校みたいで毎日とっても楽しかった記憶があります。スタジオにある喫茶店で「いつもの」と言うのがかっこいいっていうのが流行っていて、みんなで喫茶店のおばさまに「いつものって言ったらこれ出してください」というすごくダサいお願いをしていました。

TVドラマ Girl's BOX

～箱入り娘の4つのX'masストーリー～

2005年12月3日–24日OA｜BS-i(現BS-TBS)

クリスマスを舞台に家族、恋愛をテーマにしたオムニバス。『箱入り娘のクリスマス』で少女・レン役で出演

2006

TVドラマ テレビアニメ放送開始15周年記念ドラマ

「ちびまる子ちゃん」

2006年4月18日OA｜フジテレビ

森迫永依演じるまる子と学校行事でペアを組むソバカス顔のお姉さん・白河さん役。第2話「なかよしの集い」

DVD 怪談 弐 職場怪談

2006年6月25日発売｜監督＝山本清史

定番の怪談スポットを舞台に描く、ジャパニーズ・ホラーの第2弾。収録作『続・病院怪談』に出演

2006

TVドラマ こちら新宿駆けこみ寺 ～泣き笑い玄さん奮闘記～
2006年6月30日OA
演出＝河野圭太｜フジテレビ

歌舞伎町を舞台に問題を抱える人々の相談に乗る実在の人物、玄秀盛の半生を描く。玄さんの娘役で出演

TVドラマ コシノ家の闘う女たち 肝っ玉お母ちゃんとパワフル三姉妹
2006年8月8日OA
脚本＝伴一彦ほか｜日本テレビ

大阪の岸和田を舞台に母・アヤコとコシノ三姉妹、彼女らを支える男たちの人情味溢れる人間ドラマ

TVドラマ 僕の歩く道
2006年10月10日–12月19日OA
脚本＝橋部敦子｜関西テレビ・フジテレビ系

"僕シリーズ3部作"の完結作。第8話、輝明（草彅剛）にマレーバクについて質問する少女を演じた

TVドラマ たったひとつの恋
2006年10月14日–12月16日OA
脚本＝北川悦吏子｜日本テレビ

身分違いの恋を横浜を舞台に描く。英語教師となったヒロインの授業を受ける生徒役で第9、10話に登場

映画 イヌゴエ 幸せの肉球
2006年12月2日公開｜監督＝横井健司

犬の声が聞こえる青年とフレンチ・ブルドッグの心温まるコメディ。犬を連れた少女とその犬の声を担当した

TVドラマ 「硫黄島～戦場の郵便配達～」
2006年12月9日OA｜フジテレビ

ドラマ&ドキュメンタリー映像で描く硫黄島の戦い。藤竜也演じる海軍少将、市丸利之助の長女・晴子役

2007

TVドラマ 演歌の女王
2007年1月13日–3月17日OA
脚本＝遊川和彦｜日本テレビ

「女王の教室」の天海祐希とスタッフが再集結。成海璃子演じる貞子のクラスメイト役で最終回に出演

TVドラマ わたしたちの教科書
2007年4月12日–6月28日OA
脚本＝坂元裕二｜フジテレビ

女子中学生の転落死の真相究明に動く弁護士の姿を描いた社会派ドラマ。いじめに便乗する優等生役

映画 兎のダンス
2007年5月12日公開｜監督＝池田千尋

池田千尋監督（『東南角部屋二階の女』）の2007年横浜市長賞受賞作品。沙莉は映画初主演!

TVドラマ 菊次郎とさき
2007年7月5日–9月13日OA
演出＝石橋冠｜テレビ朝日

ビートたけしによる人気小説が原作。ドラマ第3シリーズで、ぶっちゃあ扮する空き巣の娘役で第7話に出演

TVドラマ オトコの子育て
2007年10月20日–12月15日OA
脚本＝尾崎将也｜テレビ朝日

非常識でいい加減な男が子育てに奔走し騒動を巻き起こすホームコメディ。小6の娘の同級生役を演じた

2008

DVD THE3名様 スピンオフ
人生のピンチを救う
パフェおやじの7つの名言
2008年4月2日発売｜脚本・監督＝福田雄一

深夜のファミレスでパフェ好きおやじ（志賀廣太郎）と客が織りなすシュールなコメディに中学生役で出演

TVドラマ 日本テレビ開局55年記念
特別ドラマ「霧の火－樺太・真岡郵便局に散った9人の乙女たち－」
2008年8月25日OA
作・脚本＝竹山洋｜日本テレビ

大戦後の樺太で必死に生きようとした郵便局員の女性たちの物語。樺太の住民、中村悦子を演じた

映画 東南角部屋二階の女
2008年9月20日公開｜監督＝池田千尋

くすぶった3人の男女が、出会いを通して変化していくヒューマン・ドラマ。石山清六（塩見三省）の娘役

TVドラマ
スクラップ・ティーチャー 教師再生
2008年10月11日－12月13日OA
脚本＝水橋文美江ほか｜日本テレビ

学校崩壊寸前の中学校で生徒がダメ教師を再生する物語。第2話で万引きに手を染める大崎沙莉を熱演

2009

TVドラマ 上地雄輔ひまわり物語
～家族・親友・彼女…
誰も知らない素顔初公開！～
2009年3月14日OA
脚本＝渡辺雄介｜フジテレビ

ベストセラーとなった上地雄輔の自伝的エッセイをドラマ化。中学時代のクラスメイトとして出演した

2010

舞台 東京俳優市場2010夏 第3話
『本当の恋の見つけ方』
2010年4月30日－5月5日
作・演出＝成瀬活雄｜千本桜ホール

新人発掘を目的としたオムニバス演劇公演プロジェクト。とあるバーの地縛霊・アヤ役で初舞台を踏んだ

2011

TVドラマ
大切なことはすべて君が教えてくれた
2011年1月17日－3月28日OA
脚本＝安達奈緒子｜フジテレビ

高校教師カップルの愛憎を描く月9ドラマ。共演した生徒役のキャストはいずれもブレイク前の豪華メンバー

TVドラマ BOSS 2ndシーズン
2011年4月14日－6月30日OA
脚本＝林宏司｜フジテレビ

第1話で、交番勤務の花形（溝端淳平）をからかうギャルの万引き女子高生に。珍しいショートヘア姿も◎

映画 ロストハーモニー Lost Harmony
2011年12月3日公開｜監督＝土岐善將

女子校合唱部の強化合宿を舞台にしたホラー・サスペンス。広瀬アリス、吉谷彩子、高畑充希らと共演

2012

TVドラマ 北海道放送創立60周年
記念作品「スープカレー」
2012年4月13日－6月29日OA
脚本監修＝秦建日子｜北海道放送・TBS系

TEAM NACS 主演のオムニバスドラマ。安田顕演じる売れない俳優の、反抗期真っ最中の娘・千枝子役

2012

TVドラマ 嘘の証明
犯罪心理分析官 梶原圭子
2012年5月9日OA
脚本＝深沢正樹｜テレビ東京

片平なぎさ主演の2時間刑事ドラマシリーズの第1作。冒頭の、バスのシーンで痴漢にあう女子高生役で出演

2013

TVドラマ 人生は“サイテーおやじ”から教わった～漫画家・西原理恵子～
2013年2月10日OA
演出＝仁木啓介｜NHK BSプレミアム

漫画家・西原理恵子の半生を描くドキュメンタリードラマ。西原役の松岡茉優と三浦透子の友人役で登場

TVドラマ スペシャルドラマ
「リーガル・ハイ」
2013年4月13日OA｜脚本＝古沢良太｜フジテレビ

人気シリーズのSP第1弾。榮倉奈々演じる熱血教師の担任クラスで女子中学生の井上カオリを演じた

2014

MV 遊助「いるよ」
2014年2月19日リリース

14歳からご縁の続く遊助のMVで、父子家庭の娘役として出演。遊助本人が監督を務めた

TVドラマ GTO
2014年7月8日–9月16日OA
演出＝飯塚健｜関西テレビ・フジテレビ系

[沙莉] 役としてのいじめっ子人生でスネ夫的位置を数々やらせて頂きましたが、ようやくジャイアンになった作品です。テンポがとても大事なシーンが多々あったのでみんなでよく自主練していました。

2015

映画 幕が上がる
2015年2月28日公開｜監督＝本広克行

ももいろクローバーZと地方の高校の弱小演劇部部員・高田梨奈役で共演。ここからももクロとも仲良しに

映画 悪の教典
2012年11月10日公開｜監督＝三池崇史

[沙莉] 撃たれるお芝居がとても重要ということで、イン前にアクションスタジオに集合しみんなで撃たれる練習をしました。ダンスをやっていたおかげで体の使い方がうまいと褒めて頂けたのですが、役柄的に披露する場もなく首を折られて死にました。泊まり込みだったので、同部屋の二階堂ふみちゃんにあせもの相談をしたらベビーパウダーをたくさん塗ってもらえました。

TVドラマ みんな！エスパーだよ！
2013年4月12日–7月5日OA
監督・脚本＝園子温ほか｜テレビ東京

高校生たちの友情とエロい妄想をギャグで描く青春ドラマ。ヒロインの親友ユウコ役でブレザー姿を披露

映画 もらとりあむタマ子
2013年11月23日公開｜監督＝山下敦弘

前田敦子演じるぐうたらな主人公・タマ子の地元の同級生役。駅のホームで目を凝らして探してみて

映画 恋につきもの
2014年4月12日公開｜監督＝桝井大地ほか

東京藝大の学生がコミックを実写化したオムニバス。特異体質の女子高生を描く「いばらのばら」に出演

映画 超能力研究部の3人
2014年12月6日公開｜監督=山下敦弘

乃木坂46の3人を主演に本編+メイキングで贈る実験的作品。沢部雪子（安藤輪子）のヤンキー仲間役

MV ももいろクローバーZ
「青春賦」
2015年3月11日リリース

映画『幕が上がる』主題歌のMVに役柄のまま登場。卒業生を見送るおさげ髪の制服姿が超キュート

2015

TVドラマ REPLAY&DESTROY

2015年4月27日－6月15日OA
監督・脚本＝飯塚健｜毎日放送・TBS系

男3人のシェアハウスを舞台に繰り広げられるカオスなドラマ。彼らとよく絡む女子高生・愛川奏役で出演

舞台 幕が上がる

2015年5月1日－24日｜原作・脚本＝平田オリザ
演出＝本広克行｜Zeppブルーシアター六本木

映画『幕が上がる』の中で描かれなかった空白の時間が描かれた舞台。映画と同じく演劇部員の高田役

TVドラマ
となりの関くんとるみちゃんの事象「るみちゃんの事象」

2015年7月27日－9月14日OA
脚本・演出＝月川翔ほか｜毎日放送・TBS系

不思議な女子高生・るみちゃんの生態を見つめるギャグドラマで物知り顔のイケてる涼子先輩を演じた

映画 家族ごっこ

2015年8月1日公開｜監督＝内田英治、木下半太

シュールな家族模様を描くオムニバス。「高橋マニア」で起死回生に挑む貧困一家のサイコな娘役を怪演

舞台 転校生

2015年8月22日－9月6日｜脚本＝平田オリザ
演出＝本広克行｜Zeppブルーシアター六本木

本広克行×平田オリザの若手女優発掘プロジェクト。女子高生21名の群像劇に『幕が―』の高田役で出演

TVドラマ
トランジットガールズ

2015年11月7日－12月26日OA｜脚本＝加藤綾子、
演出＝前田真人｜フジテレビ

［沙莉］佐久間由衣ちゃんと共にW主演させていただきました。由衣ちゃんがあまりに美しいので美に関しての質問ばかりしていたら、マッサージのクリームとデトックスジュースをくれました。

写真提供：フジテレビ

2016

TVドラマ 怪盗 山猫

2016年1月16日－3月19日OA
脚本＝武藤将吾｜日本テレビ

広瀬すず演じる女子高生ハッカー・真央をいじめる同級生の垣内結菜役。リアルな演技に反響も

TVドラマ
その「おこだわり」、私にもくれよ!!

2016年4月9日－6月18日OA
監督＝松江哲明｜テレビ東京

奇才・清野とおるの漫画をフェイクドキュメンタリードラマ化。松岡茉優と本人役で出演したカルト人気作

映画
KABUKI DROP

2016年6月25日公開｜脚本・監督＝上條大輔

劇団EXILE松組の公演舞台と連動したフェイクドキュメンタリー作品で、物語のきっかけとなる女子高生役

映画 全員、片想い

2016年7月2日公開｜脚本・監督・編集＝飯塚健

片想いがテーマのオムニバス。「MY NICKNAME is BUTATCHI」で、中川大志と幼馴染の恋を表現

2016

TVドラマ

THE LAST COP ラストコップ

2016年10月8日–12月10日OA
脚本＝佐藤友治｜日本テレビ

凸凹刑事コンビの痛快アクションコメディ。唐沢寿明演じる京極浩介に一目惚れする鑑識の山瀬栞役

バラエティ

となりのシムラ

2016年9月22日OA｜NHK総合

記念すべき志村けんとのコント初共演。年齢確認した客（志村）に絡まれるコンビニ店員を演じた

2017

TVドラマ

連続ドラマW「楽園」

2017年1月8日–2月12日OA
脚本＝篠﨑絵里子、監督＝権野元｜WOWOW

人気ミステリ『模倣犯』の9年後を描く。第2話で両親によって遺体を隠されていた娘・土井崎茜を演じた

映画

一週間フレンズ。

2017年2月18日公開｜監督＝村上正典

高校生男女のひたむきな恋を描く。リア充を羨む図書委員・フミとして、印象的な演技を披露した

TVドラマ

連続ドラマW「北斗－ある殺人者の回心－」

2017年3月25日–4月22日OA
監督＝瀧本智行｜WOWOW

石田衣良原作、中山優馬主演で描く、孤独な殺人者の運命。主人公が里親の元で出会う鞠谷明日実役

TVドラマ

ストリートワイズ・イン・ワンダーランド～事件の方が放っておかない探偵～

2017年3月27日OA｜脚本＝上田誠｜フジテレビ

安藤政信主演×ヨーロッパ企画・上田誠の書き下ろし単発ドラマ。依頼人役で第1話にゲスト出演

TVドラマ

連続テレビ小説「ひよっこ」

2017年4月3日–9月30日OA
脚本＝岡田恵和｜NHK総合

［沙莉］完全に諦めていた連続テレビ小説への出演。実は受けたオーディションは主人公の親友役で今思えば佐久間由衣ちゃんが演じた時子でした。オーディション時の時子のセリフはもっとお嬢様の品の良い感じでその当時ちょうど連続ドラマW『楽園』の撮影のために髪の毛を俗に言うプリン状態にしていたので、そんな状態でお嬢様言葉を話すのを面白がってくれた岡田（恵和）さんが米子を生み出してくださったと聞きました。人生何が起きるかわからない。

映画

ブルーハーツが聴こえる

2017年4月8日公開｜脚本・監督＝飯塚健ほか

ザ・ブルーハーツ結成30周年記念のオムニバス。「ハンマー（48億のブルース）」でドラムを初披露

MV

赤い公園「恋と嘘」

2017年4月19日リリース

人気ガールズバンドの胸キュンソング。沙莉演じるデートの支度に勤しむ女の子のそわそわ感が可愛い

映画

ラストコップ THE MOVIE

2017年5月3日公開｜監督＝猪股隆一

アイドルユニット「KBDホーリーナイト」の一員として、桜井日奈子、武田玲奈と共にダンスを披露

2017

映画 ナラタージュ

2017年10月7日公開
監督＝行定勲｜脚本＝堀泉杏

念願だった行定組の現場初出演は、ほんの数秒あるかないかのカメオ出演。久しぶりのいじめっ子役

TVドラマ 世にも奇妙な物語'17 秋の特別編「ががばば新章」

2017年10月14日OA
脚本・演出＝後藤庸介｜フジテレビ

2015年に話題を呼んだ、絶対に検索してはいけない言葉「ががばば」の短編作。主人公の友達・エリ役

TVドラマ 民衆の敵スピンオフドラマ「片想いの敵」

2017年10月17日–11月14日OA
脚本＝小寺和久｜フジテレビ

人気ドラマのスピンオフで、前田敦子、トレンディエンジェルたかしと共演。3人のダンスシーンも話題に

MV コバソロ「背中合わせ feat. 安果音」

2017年12月29日配信

声優を目指し上京した女の子役。染み入る女性ボーカルの声にピッタリな沙莉の切ない表情にも注目

2018

バラエティ スペシャルコント 志村けん in 探偵佐平60歳

2018年1月2日OA
演出＝吉田照幸｜NHK総合

60分にわたる長尺コントで憧れの志村けんと再共演。探偵秘書の梅谷桃世役でバディを組みファンも歓喜

映画 blank13

2018年2月3日公開｜監督＝齊藤工

俳優として活躍する斎藤工の初長編監督作品。主人公の父の葬儀に参列するウエイトレス役で出演

映画 獣道

2017年7月15日公開
脚本・監督＝内田英治

［沙莉］映画『家族ごっこ』を経て内田監督からまさかのご指名を頂いた本作は、一人の少女の凄絶な人生を描いたものでしたが今までやらせて頂いた役とは大きく異なる役柄だったため、自分なりにかなりのチャレンジでした。映画祭で初めて海外に行った作品でもあり、初めてづくしの貴重な経験でした。

©third window films
DVD 4,104円、Blu-ray 5,184円（各税込み）｜発売元:クロックワークス｜販売元:TCエンタテインメント｜提供:third window films

舞台 すべての四月のために

2017年東京11月11日–29日・京都12月8日–13日・北九州12月22日–24日｜作・演出＝鄭義信
東京芸術劇場プレイハウスほか

森田剛×鄭義信で描く、戦時下の朝鮮半島で理髪店を営む家族と日本軍人たちの物語。四女・春子役

CM 日清食品 日清ラ王 袋麺「新・食べたい男 似てますよね?」篇

阿部サダヲに鋭く突っ込む、喫茶店のバイト女性をコミカルに演じた。なんと14年ぶりのCM出演

TVドラマ 隣の家族は青く見える

2018年1月18日–3月22日OA
脚本＝中谷まゆみ｜フジテレビ

コーポラティブハウスを舞台に妊活に励む夫婦を描く。大器(松山ケンイチ)の妹・琴音役。5話では出産も

2018

ラジオドラマ 青春アドベンチャー「メゾン・ド・関ケ原」

2018年6月26日–30日OA
作＝西村有加｜NHK FM

戦国武将の亡霊が出るモデルルームが舞台のラジオドラマ。マンション販売員・文恵をコミカルに演じた

映画 榎田貿易堂

2018年6月9日公開｜脚本・監督＝飯塚健

[沙莉] ひとつのテーマとして「辞める」ということが描かれた作品でしたが、私の父が劇場で観た最初で最後の作品で、それもまた運命というか、巡り合わせだなぁと思いました。飯塚作品ではどちらかというとコメディ寄りのお芝居をやらせて頂いてきたのですが本作ではそういう表情は軽く禁止されてました。やってきたこと的に現場で笑いが起きないと逃げ出したくなる病にかかっていた時期だったので、フラットにお芝居をすることを改めて教わりました。

©2017 映画「榎田貿易堂」製作委員会

ラジオ

伊藤沙莉のsaireek channel

2018年9月1日–OA｜AuDee

初の冠ラジオ番組、通称「サイチャン」。多様なゲストを迎えての自由なトークに素の沙莉が見えると好評

TVドラマ マザーズ2018 僕には、3人の母がいる

2018年11月10日OA
脚本＝西田直子｜中京テレビ

数々の賞を獲得した特別養子縁組が主題のドキュメントをドラマ化。つらい過去を持つ少女・村上友役

映画

パンとバスと2度目のハツコイ

2018年2月17日公開｜脚本・監督＝今泉力哉

中学時代、同級生の主人公に恋していた石田さとみ役で出演。バイセクシャルの難役をナチュラルに好演

TVドラマ いつまでも白い羽根

2018年4月7日–5月26日OA
脚本＝小松江里子ほか｜東海テレビ・フジテレビ系

看護学校を舞台に看護師を目指す主人公の恋や挫折を描く。明るいが自信のない看護学生・山田千夏役

TVドラマ この世界の片隅に

2018年7月15日–9月16日OA
脚本＝岡田惠和｜TBS

戦時下の呉の人々を描く名作をドラマ化。周作(松坂桃李)へ思いを寄せる幼馴染・刈谷幸子役

TVドラマ 恋のツキ

2018年7月27日–10月12日OA
脚本＝高田亮｜テレビ東京

二人の男性に心揺れるアラサー女性のリアルを描く。主人公と同じ映画館でバイトする学生・水野晴子役

映画 寝ても覚めても

2018年9月1日公開｜監督＝濱口竜介

ヒロインの大学時代の親友でしっかり者の春代役。気を許し合うガールズトークやくすっと笑えるシーンも

TVドラマ

獣になれない私たち

2018年10月10日–12月12日OA
脚本＝野木亜紀子
演出＝水田伸生ほか｜日本テレビ

新垣結衣演じる晶の部下、松任谷夢子役で出演。やる気ゼロのはた迷惑な女子を明るく可愛く演じた

2018

配信ドラマ The Fake Show
2018年12月12日配信開始
監督・脚本＝筧昌也 ほか ｜ YouTube Originals

人気YouTuber・はじめしゃちょー初主演ドラマ。沙莉が演じるトーコのリアルなお説教シーンが見もの

CM 住友生命Vitality
「廊下で1UP」篇

永山瑛太、カンニング竹山と共演。主人公の素っ頓狂なサラリーマンを微笑ましく見守るOL姿が可愛い

第10回 TAMA映画賞 最優秀新進女優賞受賞

第40回ヨコハマ映画祭 2018年日本映画個人賞 助演女優賞受賞

2019

TVドラマ ちょいドラ2019
「ダークマターな女」
2019年1月12日OA
作＝上田誠 ｜ NHK総合

国際宇宙ステーションから帰還した宇宙飛行士の千宙役。顔面黒塗りで10分間のシュールなコントを熱演

映画 21世紀の女の子
2019年2月8日公開 ｜ 監督＝金子由里奈ほか

15人の新進女性監督が描く短編オムニバス。金子由里奈監督「projection」の主人公カナコ役

TVドラマ ひよっこ2
2019年3月25日-28日OA
脚本＝岡田惠和 ｜ NHK総合

朝ドラのラストから2年後をオールキャスト大集合で描く。三男と米子の変わらぬ様子にファンも大喜び

映画 平成真須美
ラスト ナイト フィーバー
2019年5月2日公開 ｜ 監督＝二宮健

奇妙なバイトを引き受けることになった真須美役で主演。平成最後の夜に東京・渋谷で撮影した短編映画

MV ハルカトミユキ
「どうせ価値無き命なら」
2019年5月29日リリース

アコギのみで奏でられる力強いメッセージソングに応えるように、主人公の孤独と葛藤を熱い演技で表現

TVドラマ オリガミの魔女と博士の
四角い時間「濡羽色(ぬればいろ)の恋」
2019年6月14日OA
脚本＝近衛はな ｜ NHK Eテレ

滝藤賢一演じる折鶴博士に恋心を抱くミステリアスな黒ずくめの女……正体はカラス！という異色の役柄

ドキュメンタリー ETV特集
「反骨の考古学者ROKUJI」
2019年7月6日OA
脚本・演出＝三好雅信 ｜ NHK Eテレ

弥生時代の研究に取り組む考古学者の森本六爾の短い生涯をドラマ化。ハライチ岩井と夫婦役で初共演

TVドラマ Iターン
2019年7月13日-9月28日OA
脚本・監督＝内田英治 ｜ テレビ東京

ムロツヨシと古田新太がW主演するサラリーマンとヤクザのバディものに、あの作品のあの役で一瞬登場！

映画 ペット2
2019年7月26日公開 ｜ 監督＝クリス・ルノー

とっても可愛いのに、負けん気が強いシーズーのデイジー役。日本語吹き替えで念願の声優に初挑戦した

TVドラマ これは経費で落ちません！
2019年7月26日-9月27日OA
脚本＝渡辺千穂ほか ｜ NHK総合

堅物の経理女子が書類から見出す人間模様を楽しくドラマ化。天真爛漫な後輩キャラ・佐々木真夕役

2019

TVドラマ
ひみつ×戦士 ファントミラージュ！
2019年9月22日-9月29日OA
総監督＝三池崇史｜テレビ東京

怪人・メイクオトスヤーに変身させられたメイク講師、美崎メイ役でゲスト出演（第25、26話）

映画 ブルーアワーにぶっ飛ばす
2019年10月11日公開｜脚本・監督＝箱田優子

自虐的で自信のない女性が、嫌いな地元で自分を見つめ直す物語。田舎のスナックで働くチーママ役

映画 生理ちゃん
2019年11月8日公開｜監督＝品田俊介

夢を諦めSNSで毒を吐き続ける清掃バイトの山本りほ役。煩わしい生理の問題に、女性の共感が集まった

CM 大東建託 いい部屋ネット「わたしのいい部屋、みつけた！」篇

新しい部屋のキッチンを目にして料理欲に火がついた女性。八百屋さんに恋心を抱く様子がとてもキュート

配信ドラマ 全裸監督
2019年8月8日配信開始
総監督＝武正晴｜Netflix

［沙莉］とにかく毎日笑い転げていました。人生初ハワイでのロケがあったのですが入国審査で英語がわからず1時間弱拘束されて号泣して帰りたくなりました。でも解放されてからの約1週間は心底楽しかったです。みんなでショッピングしたりアサイー食べに行ったりハワイのカラオケに行ったり海にぶん投げられたりしました。海で終了した下着の代わりに山田孝之さんと柄本時生さんがヴィクトリアズシークレットの下着を買ってくれました。

Netflixオリジナルシリーズ「全裸監督」シーズン1、全世界独占配信中

第32回 東京国際映画祭 東京ジェムストーン賞

2020

TVアニメ
TVアニメ「映像研には手を出すな！」
2020年1月6日－3月23日OA
監督＝湯浅政明｜NHK総合

［沙莉］人生初の連続テレビアニメでした。金森役の田村（睦心）さんと水崎役の松岡（美里）さんとは収録を重ねて徐々に打ち解けていき、最終的には収録帰りにラーメン啜れる仲になりました。本当に映像研の3人みたいになれてとっても嬉しかったです。

各種配信サイトで絶賛配信中！
©2020 大童澄瞳・小学館／「映像研」製作委員会

TVドラマ
ペンション・恋は桃色
2020年1月16日–2月13日OA
脚本・演出＝清水康彦ほか｜フジテレビ

リリー・フランキー演じるペンション経営者の娘で、足が不自由ながらテキパキ仕事をこなすハルを演じた

TVドラマ
有村架純の撮休
2020年3月21日–5月9日OA
脚本＝ペヤンヌマキほか
監督＝今泉力哉 ほか｜WOWOW

有村架純の架空の休日を妄想する異色ドラマ。親友・優子役で女友達あるあるにリアリティを吹き込んだ

2020

TVドラマ よるドラ「いいね！光源氏くん」
2020年4月4日–5月23日OA
脚本＝あべ美佳｜NHK総合

［沙莉］オールアップ時のコメントでも話しましたが、ここまで王道というかガッツリとしたヒロインという役割はあまりしてこなかったので心底不安でしたし、自信もありませんでしたが千葉さんをはじめ、キャスト、スタッフの方々がとにかく優しかったため楽しく現場に挑むことができました。とても仲の良いあたたかい現場でした。楽しすぎて笑いが止まらなくなって25歳にして普通に怒られてました。

ドキュメンタリー 魔改造の夜
2020年6月19日、26日OA｜NHK BSプレミアム

「トースター高跳び」などプロの技術者たちが腕を競い合う番組に、魔改造倶楽部名誉顧問として出演

映画 劇場
2020年7月17日公開｜監督＝行定勲

主人公の永田（山﨑賢人）と仲たがいするが見守り続ける、元劇団員・青山役を人間臭くリアルに演じた

TVドラマ 土曜ドラマ「三浦部長、本日付けで女性になります。」
2020年3月21日OA
脚本＝ふじきみつ彦｜NHK総合

女性になりたいと願う総務部長の二重生活を描くホームドラマ。主人公の部下役と語りパートを担当

ドキュメンタリー 100分de名著 朗読 カルロ・コッローディ「ピノッキオの冒険」
2020年4月6日–27日OA｜NHK Eテレ

古今東西の名著を読み解く番組で「ピノッキオの冒険」を朗読。落ち着いた語りが心地よいと話題に

配信映画
TOKYO TELEWORK FILM
2020年4月29日限定配信
企画・プロデュース＝齊藤工

コロナ禍のステイホームが主題の、斎藤工の映画企画。兄妹のリモート会話劇#3「HOME FIGHT」に出演

ドキュメンタリー
さよなら、私のデパート。
2020年6月14日OA｜日本テレビ

地方で愛された老舗デパートの最後の一日を追うドキュメンタリー。落ち着いた語りで新たな魅力が開花

映画 ステップ
2020年7月17日公開｜脚本・監督＝飯塚健

妻に先立たれた男と幼い娘の10年の物語。人気者の保育士、ケロ先生を熱演。沙莉の繊細な演技が光る

バラエティ ただ今、コント中。
2020年8月29日OA
演出＝有川崇｜フジテレビ

サンドウィッチマンら人気芸人に交じり、熱の入ったコントを披露。現場では沙莉のアドリブも飛び出した

2020

映画 蒲田前奏曲

2020年9月25日公開｜脚本・監督＝穐山茉由ほか

4名の監督によるオムニバス。「呑川ラプソディ」で外資系企業の独身キャリアウーマンの帆奈を演じた

映画 十二単衣を着た悪魔

2020年11月6日公開｜監督＝黒木瞳

源氏物語の世界へトリップした若者の成長物語。主人公の可憐な妻、倫子役で十二単衣姿を初披露

映画 ホテルローヤル

2020年11月13日公開｜監督＝武正晴

桜木紫乃の直木賞受賞作を映画化。二面性のある女子高生の佐倉まりあを演じたが、制服姿は見納め!?

ドキュメンタリー

カラフルな魔女の物語
～角野栄子85歳の鎌倉暮らし

2020年11月22日・29日OA ｜ NHK Eテレ

「魔女の宅急便」で知られる児童文学作家・角野栄子の暮らしぶりを追ったドキュメンタリーに語りで参加

映画 映画 えんとつ町のプペル

2020年12月25日公開
製作総指揮・脚本・原作＝西野亮廣

主人公に冷たくあたる少年アントニオの声を担当。西野に遊んでもらった幼少期のエピソードも話題に

CM サントリー 伊右衛門プラス
「おいしい糖質対策
『続け！ 糖質制限』」篇 ほか

コンビニでおにぎりの購入をためらう糖質制限中のOL役。本木雅弘とは「自分防衛団」のCMシリーズでも共演

映画

小さなバイキング ビッケ

2020年10月2日公開｜監督＝エリック・カズ

ルーネル・ヨンソンの人気児童文学をCGアニメ化。小さくても知恵で乗り切る海賊ビッケの吹き替えを

映画 タイトル、拒絶

2020年11月13日公開｜脚本・監督＝山田佳奈

[沙莉] 本編とは打って変わって現場はとにかく和気藹々としていました。ただ待機場でのシーンのリハの時は森田想と円井わんと笑いすぎて絶妙な空気になったのは否めません。なぜか当時、その3人の中では「馬油」というワードが心底ツボだったためアツコさん（佐津川愛美）が灯油を撒き散らかすシーンでわんが「なんか臭くない?」というセリフを言った後に誰が一番さりげなく「馬油……?」って言えるかみたいな遊びを密かにやっていました。本当にすみませんでした。

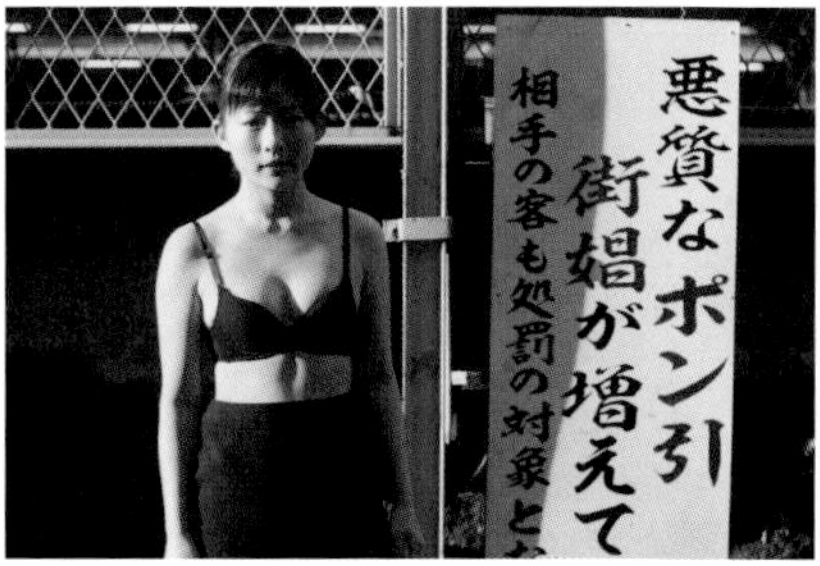

©DirectorsBox

CM メルカリ
「メゾンメルカリ・管理人登場」篇 ほか

メゾンメルカリの住人でメルカリ上級者のコスメ好きOL役。メルカリ初心者のお父さん役は柄本明

CM 東京ガス
「東京ガスが水まわり!?」篇 ほか

東京ガスのサービススタッフ役で堤真一とCM共演。制服を着て指差し確認をする頼もしい沙莉が見られる

2020

CM 日本マクドナルド
大人のクリームパイ
「大人とはなんぞや」篇 ほか

真木よう子との異色の先輩後輩コンビがCM開始直後から話題に。美味しそうにパイを頬張る表情が◎

CM Tver
「見たら見たでハマる」篇 ほか

テレビについて冷静に突っ込む若者のリアルを再現したCMで、戸塚純貴と個性派同士の共演が実現

第29回 日本映画批評家大賞 助演女優賞

第57回 ギャラクシー賞 テレビ部門・個人賞

東京ドラマアウォード2020 個人賞部門・助演女優賞

2021

配信ドラマ THE LIMIT
2021年3月5日配信開始
脚本＝玉田真也ほか ｜ Hulu

半径3メートルの人間模様を描くドラマ。第1話で子猫を助ける男女の三角関係を親友・堺小春と熱演

TVドラマ 大豆田とわ子と三人の元夫
2021年4月13日－OA
脚本＝坂元裕二 ｜ 関西テレビ・フジテレビ系

主演・松たか子×脚本・坂元裕二のロマンチックコメディに、沙莉のナレーションで彩りを添える

映画 FUNNY BUNNY
2021年4月29日公開
監督・脚本・原作＝飯塚健

中川大志×岡山天音のシニカルミステリー映画にカメオ出演。ちょこっとだけの出演シーンを見逃さないで

ラジオドラマ 東京ラジオスペシャル
第2部「東京」2021春
サヤカとトモヤ～君の牛、再び～
2021年4月29日OA
脚本＝リリー・フランキー ｜ TOKYO FM

上京したものの、夢に届かず心折れるカップルを描く青春コメディ。俳優を目指す彼を支えるサヤカ役で出演

TVドラマ よるドラ
「いいね! 光源氏くん し～ずん2」
2021年6月7日－OA（全4回）
脚本＝あべ美佳 ｜ NHK総合

千葉雄大演じる光源氏くんとこじらせOL沙織の名コンビが復活! 時空を超えた居候コメディの続編です

舞台 首切り王子と愚かな女
2021年 東京6月15日－7月4日・
大阪7月10、11日・広島7月13日・福岡7月16、17日
作・演出＝蓬莱竜太 ｜ PARCO劇場ほか

念願が叶い蓬莱作品に初出演。ミュージカル界のプリンス井上芳雄との共演も注目の、久々の舞台に注目

配信ドラマ 全裸監督 シーズン2
2021年6月24日配信開始
総監督＝武正晴 ｜ Netflix

世界的ヒット作となった全裸監督の続編。男集団の中で女優を支えるメイク担当・小瀬田順子役を続投

CM サントリー　ボス カフェベース
「キッチリ夫と、テキトウ妻」篇 ほか

キッチリ夫を演じるハライチ岩井とテキトウ妻役の沙莉がCM初共演。息ピッタリでお似合いとの声が続出!

CM ピップ　ピップエレキバン
「コリコリ3姉妹」篇

要領よく肩こりを治しちゃう、コリコリ3姉妹の末っ子役。コミカルなダンスシーンと美しい背中も披露!

CM スタジオマリオ
「マリオで笑おう」篇

仕事への葛藤を抱えつつ、子供たちの前では元気いっぱい、いきいきと働くスタジオマリオの女性店員役

第45回 エランドール賞 新人賞

第63回 ブルーリボン賞 助演女優賞

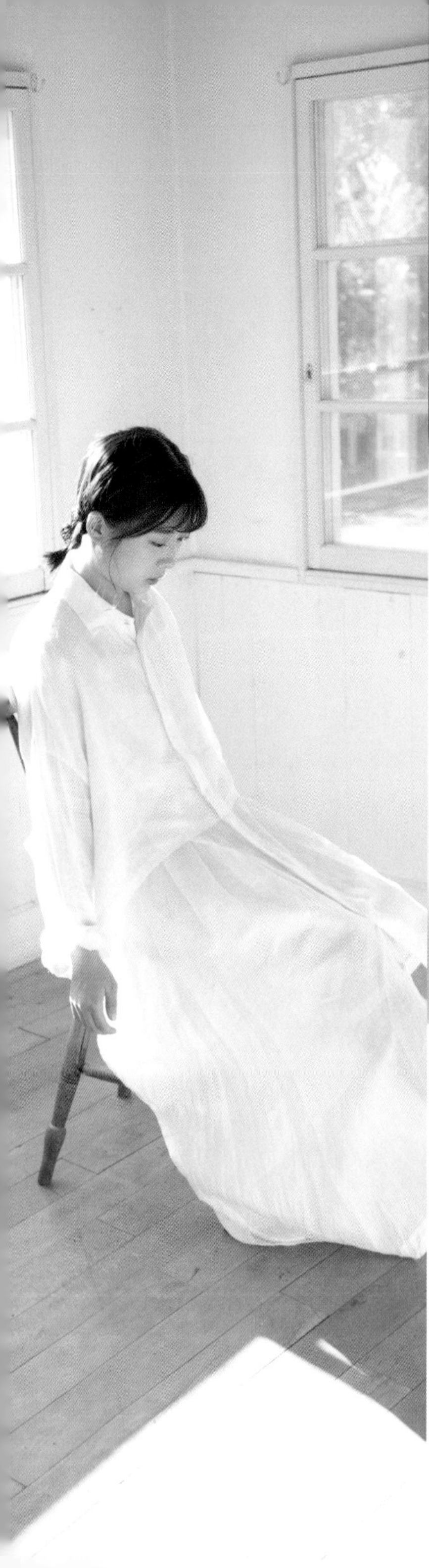

スタート

最初は、単なる興味すらなかった。
私の将来の夢は漠然とダンサーで
それだって別にダンスが好きってだけで
なれたらいいなぁくらいなもんだった。

役者になったきっかけ
という類の質問はインタビュー等で
もう爆睡してるところを叩き起こされて
突然に聞かれても答えられるくらいには答えてきたが
念のためおさらいしておくと

小学3年生の時、私はなかなかガチ勢なダンススクールに通っていた。
そのスクールの一階には大きな掲示板があって
色んなお知らせとかオーディション情報が常にぎちぎちに張り出されていた。

バックダンサーのオーディションとか
ミュージカルのオーディションとか。
そんな中で当時うっすら周りをザワつかせたのが
テレビドラマの子役オーディション。

ドラマや映画は大好きだったが
私自身は特に職業としての興味を持つわけでもなく
付き添いで来ていた伯母も知ってはいたものの特に気にしてなかった。

そこで人生一発目の大転機到来。
千葉から一緒に通っていた友達のお母さんが
伯母に一緒に受けないかと誘ってくれた。
伯母から「受けてみる?」なんて聞かれたのもうっすら覚えている。
正直言うと受けたいというよりは
友達とどっか行けるくらいの感覚で「行くー」って答えた。

当時の私は本当に怖いもの知らずだったので
今考えるとかなり信じられないのだが
オーディション中、たぶん誰より楽しそうだったと思う。
喋るの好きだし、ごっこ遊びが好きな分
できてんだかできてないんだかわからないがお芝居も普通に楽しかった。

自己紹介も周りの子たちが○○劇団から来ました、とか
○○アカデミーから来ました、とかしっかり言っているのを見て
「ふーん、どっから来たか言えばいいんだな」

ってな単純な考えしかなかったので
「千葉県から来ました」って
信じられないくらいのドヤ顔で言ってたと思う。
まあ事実だしね。

なんだかんだで4次審査くらいまであって最終的にまさかの合格。
そうしてお芝居の世界に足を踏み入れた。
それがドラマ『14ヶ月〜妻が子供に還っていく〜』だ。

最初はなにがなんだかわからないまま
「ドライ開始しまーす」とか言われて
シンプルにフリーズしたりしていた。
ドライとはなんぞ……？　そんな次元だった。当たり前だけど。

現場にいた大人たちはみんな優しくて
特に一番共演シーンが多かった
高岡早紀さんと中村俊介さんはフリーズしている私に
ドライっていうのはこういうことだよって優しく教えてくれた。
それ以外にも専門用語的なこととか色々。
すごく可愛がって頂いたのを覚えている。

『木更津キャッツアイ』が死ぬほど好きだった私は
モー子こと酒井若菜さんがいることに感動し、事あるごとに「モー子……」って話しかけた。

ちょっとウザみ……って思われても仕方ないくらいなのに
若菜さんはどんな時でもモー子になってくれた。

戸田恵子さんには「アンパンマン……」って話しかけた。

「あれはね、私じゃなくて私の妹なの。とっても喜ぶと思う。伝えておくね」

アニメだし、夢を壊さない、今思い出しても本当に素敵な答えだった。

本当にみんなみんな、優しかった。

演出に従って言われたことをやっただけで
何かの犯人でも捕まえたのかってくらい褒められた。

当時はそんな言葉知らなかったけど
確かに存在意義とか居場所とか与えてもらった気がした。

終わってからも私の興味は完全にお芝居に向いてしまって活動をやめなかった。

いくつもいくつもオーディションを受けた。

とにかく楽しかった。

出会った大人たちにはとにかく優しくして頂いたし
本当に色んなことを教わったし色んな言葉を頂いた。

中でも
ドラマ『みんな昔は子供だった』の打ち上げで永山瑛太さんに言われた
「頑張ってね。いや、頑張らなくていいや。
頑張らなくていい。頑張らなくていいから
そのままでいてね。そのままで大丈夫だから」
っていう言葉と
ドラマ『女王の教室』の現場で天海祐希さんに言われた
「あなたはカメラが自分に向いていない時でも
常に気を抜かずにお芝居をしてる。
当たり前かもしれないけど
それができる子は意外と少ないの。
私は宝塚っていうところでお芝居をしていたの。
端っこで踊ってる時でもお芝居をしてる時でも
意外とね、見てくれてる人はいるのよ。
自分なんて誰も見てないって思う時も
あるかもしれないけど、そんなことない。
この先何があってもどっかで誰かが見てるし、

必ず誰かが見つけてくれるし認めてくれるから。
あなたはずっとそのままでいてね。
それ以上でも以下でもない。そのままでいて」
っていう言葉。

天海さんの言葉に関しては『A-Studio＋』でも言わせて頂いたが
完全版はこれだ。

今でも言われた時の状況まで鮮明に思い出せるその言葉たちは
私の大きな支えであり軸でもある。
そのままでいよう。
どうそのままいるかなんてわからないけど
とにかくそのままでいよう。
漠然とそう思ってやってきた。

それでも、当たり前だけど順風満帆なんてものとは
「じゅんぷ……何それ美味しいの？」
ってくらいかけ離れていた。

ずーっと出たことがなくてようやく受かった映画は

突然大人の事情とやらでイン直前にして空中分解。
少ししてまた立て直したかと思いきやオーディションのやり直し。
成長しちゃったって理由で落選。

次に受かった映画は全て撮り終えて初号も終えて
さあ、公開だって時にまたしても大人の事情とやらでお蔵入り。
映画にはとことん縁がなかった。

ドラマは基本学園ものが多くて
大体が本当の学校のようになるものだが
あるひとつの作品の撮影が終わってから
当時の事務所の部長に呼び出され
「君いじめられてたのか?」って聞かれて初めて自分が
いじめられてたことを知ったなんてこともあった。

もはや覚えがないからこちらとしてはなんのこっちゃなんだけど
簡単に言うと私の制服だけがぐっちゃぐちゃにされていたらしい。
私は妙に冷めたところが、まあ、多少だけどあるので
「私服にすればいいのに……衣装さんかわいそう」
くらいにしか思わなかったんだけど。幸いね。

でも特別な出来事なんてそのくらいなもんで
あとは本当にあるあるの嵐だと思う。

オーディションというのは本当に不思議で受かる時は何故か続く。
ただ、もちろん逆も然りで
一度スランプを迎えればそこから抜け出すのも簡単ではない。

とにかく落ちるのにどんどん慣れていった。
最初は多少落ち込んだりもしたが
不思議とメンタルだけがどんどん強くなった。
好きだったけど執着はしてないってのも大きかったのかもしれない。

でも一番は、
有難いことにモブだろうがワンシーンだろうが
立て続けにお仕事をさせて頂いて
本当に贅沢な悩みだと思うけれど
親族の期待やら友達との距離感やら
そういうあれこれがどんどん重荷になったことだと思う。

学校では何かの発表会とかそういう催しでのグループ分けの時、

まず同じグループになるのを嫌がられた。
いつ学校を休むかわからない子なんて
そりゃ当てにならない。当然だ。
逆に今まで話したこともなかったような子が
突然仲良くしてくれたこともあったが
そうかと思いきや作品に出なくなった途端
私が鬼で缶蹴りでも始まったの？って勢いで離れていく。

親族にすごいねすごいねって褒められて
嬉しく誇らしく思っていたことも
段々、これ失ったら親族すら私に興味なくなるのかな
とかそんな恐怖に変わっていった。

そういうのが常に付き纏い始めてから
必死に、なんなら焦って、焦って焦って、結果はじけた。

最低だが仮病で突然休もうとしたり
マネージャーさんからの電話に出なかったり
もう自分でもわけのわからない状態だった。

なので、落ちることに慣れていくとかメンタルが強くなったというより
もはやそうやって自然とフェードアウトできたら楽かもしれない、怖いけど
みたいな感じだったんだと思う。

好きが故に続けられるけど
好きが故の恐怖や重荷もあるのだ。

オーディションのこれまた不思議なところは
手応えを自分なりに感じた時ほど落ちて、諦めてる時ほど受かるということ。

そんな状態だったのに何故かスランプを抜け出し、
久々に出演したドラマ、『スープカレー』で
改めてお芝居の楽しさを思い出した。

映画『悪の教典』のオーディションにも合格した。
だけどその直後にまたしてもｂａｄな転機はやってきた。

とある映画のオーディション。
何次審査まであったか忘れたがとにかく沢山オーディション会場に通った。

エチュード形式のものが多く、我ながら手応えしかなかった。
のに、珍しく合格した。
生徒役、とだけ伝えられていてとてもワクワクしていた。

だがリハに行ってみると本当に、シンプルに、エキストラだった。
もちろんエキストラさんがダメとかそういうことじゃない。
ただ、正直本当に超絶生意気を覚悟で言うと
今やることなのか？と思った。
よくわからないけど何かが音を立てて崩れていった。
慎重に並べたドミノを指一本で全て倒されたような
なんだかんだ進んでた人生ゲームの車を振り出しに戻されたような。
例えるならそんな感じ。
たぶん知らないうちにいつの間にか自分の中に
俳優としてのプライドが生まれていたんだと思う。

リハを終え、自分でもよくわからないが泣きながら帰って
当時のマネージャーさんに
「役の大小を言ってる訳じゃなくてそういうことじゃなくて
今やるべきことなのかなっていう気持ちです」と電話で伝えた。
マネージャーさんは

「沙莉、それは、役の大小を言ってるよ」と言っていた。
納得できなかった。
元々言葉足らずだし
本当はもっと伝えたいことがあったが諦めた。

諦めてその現場に行くと早速体育館に並ばされ、
集会のシーンだったので一生体育座りをしていた。
後ろに座っていた一人の女の子に
「どこの人ですか?」って聞かれて
当時の事務所名を答え、女の子にも聞き返したところ
「茨城です」という返事が返ってきた。
なんだか初めてのオーディションの時の自分を思い出して懐かしくなったのと同時に
どうして事務所名だと思ったんだろうと
恥ずかしさと後悔に襲われた。

その作品の監督は以前大人の事情でお蔵入りになった映画の監督で
私のもとにきて「ごめんな」と言って去っていった。
それにも何故か無性に腹が立った。

一番最悪なのはその後だ。

助監督さんが私たちエキストラにお芝居をつけてくれたのだが私にガヤのセリフをひとつくれた。

素直に嬉しかったし「わかりました」と答えたつもりだったがステージの上にいた助監督さんには声が届かなかったのだろう。

「は？　聞こえてる？　できんの？　できないの？

できないんだったら他に回すけど！　いくらでもいるから！」

元々その人が私を含むエキストラのみんなのことを「gの皆」って呼ぶのも気に入らなかった。

「ガヤのｇて。ダサすぎやしないかい？」とも思っていた。

なのでその瞬間、完全に頭の中で何かが切れた。

できる限りの声量で「はい?!」と答えた。

かろうじて「はい?!」だったがイントネーションもテンションも完全に「はあ?!」でしかなかった。

その助監督さんは
「え……あ、いや、できるならいいんですけど……」

といった感じで完全に引いてるご様子だった。

今まで純粋に従ってきたはずの助監督という立場の人に
そんな喧嘩を売るような態度を取ったことが本気で信じられなかったし
自業自得だがよくわからない悲しい気持ちになった。

自分の悔しさとか腹立たしさが
隠せなかったことに嫌気がさした。

唯一救われたのは
当時同じ事務所だった三浦透子がお昼ご飯の時間に手を差し伸べてくれたこと。
「いいんだよ、間違ってない。
ここじゃないから、沙莉のいる場所は。
いいよ、気にしなくて。食べよ一緒に」
レギュラー生徒でしっかり役ももらってて
そっちでの仲間たちもいただろうに当たり前の顔で誘いに来てくれた。

そのおかげか、午後は精一杯ガヤに励めた。
結果いい経験だったとは今、やっと思う。

そんな自分にとってはなかなかな出来事を終え
さて、『悪の教典』！　超楽しみ！　ってな感じでインして撮影に励んでいたある日。

詳細は省くが超絶簡単に言うとシンプルに事務所をクビになった。

突然の出来事でなにがなんだかわからなかったが
もはやめっちゃ笑った。
安定とかって来ないわけ？ｗｗｗｗｗ
といった感じだった。

作品中だってのに本格的に続けるか辞めるかの選択に迫られた。
学校では進路の話もジワジワ出てきていて
わかりやすい岐路に強制的に立たされた。

事務所の子役的な部署が解散的なことになる
ということで私だけではなく何人かがそういう状況になった。
たまたま同じ現場に入ってた三浦透子とは逆にワクワク！といった感じで
「どこ入りたいー？」なんて話もしていた。
現場にいた松岡茉優と二階堂ふみちゃんは何故かすごく相談に乗ってくれた。
なんなら私より真剣に考えてくれていた。

「あの人に聞いてみようか?!」とか
「ここの事務所とかどう？　合ってる気がする！」とか

本当に心強かった。
でも時間は待ってくれない。
何も決まらないまま撮影も終わった。

漠然と続けたいなぁくらいな感じで事務所も二つほど受けた。

ひとつは
「制服を着ている君しか想像ができない。
未来が見えない」という理由で落ちた。
もうひとつは合否の連絡すらなかった。

本気ですべてどうでもよくなった。
もういいや、別にこれだけがめちゃくちゃやりたいことってわけじゃないし。
そんな状態だった。

波瀾万丈もいいとこだがそんな時にこそまたしても転機は訪れる。

『悪の教典』が公開になり、地元の通い詰めた映画館に家族と観に行った。
本当に余談だけど『悪の教典』は家族団欒で観るような映画では決してない。
私が殺されるとこなんて姉号泣。母、伯母ブチギレ。
いやいや皆、横見て、いるから、ここに。
そうこうしてたらあっという間にエンドロール。

自分の名前が大きなスクリーンの中を流れていくのを見て
なんというか、なんていえばいいんだろう。
うわ。ってなった。
うわーーーー。って。
名前のつけようがない感情、感覚だった。

とにかくわかったのは私は辞めたくないってこと。
辞めたくないし、辞められないな。
好きだわ、この仕事。あーダメだ好きだ。
そんな感じだった。

辞めるのが怖くて
誰のためにやってるんだか
わからなくなった時期だってあったが

全然自分のためだった。
というより、自分のためでいいじゃん。
って突然吹っ切れた。

その後、すべてのモヤモヤもついでに解消したくなって
家族に、仮に自分がこの仕事を辞めたいと言ったらどうするかを例え話として聞いた。
皆キョトンとした顔で
「そりゃ勿体ないなとは多少思うけど
沙莉の人生なんだから辞めたいと思ったら辞めな」
と言ってくれた。

好きなことが有難くも仕事になっていて
しかも辞めたくなったら辞めていいだと……？

完全無敵状態になった。
なんかよくわからないけど
「整いました」って感じだった。

その後、元事務所の信頼できる大人の一人に呼び出され
「君は何がしていきたいんだ？」と聞かれた。

運良く整った後だったので
「もうお芝居ができればそれだけでいいです」と伝えた。
その人は
「よく言った。君にぴったりのところがある」
と言ってとある事務所に連れて行かれた。

それが現事務所だ。

社長は完全に見た目がヤクザだった。
横にいた女性マネージャーさんのことは完全にヤクザの嫁だと思っていた。
もちろんヤクザでも嫁でもなかった。

面接内容はお仕事のこともそうだが
どちらかというと家族の話とかプライベートの話がメインだった。
とてもあたたかい空間だった。

「じゃあ、とりあえず、預かりって形で」
後日、歓迎会まで開いてくれた。
事務所は一軒家で、お寿司を頼んでくれてまるでホームパーティーだった。

居場所を与えてもらった気がした。

ただ、本当に忙しいもんで
良いことがあると何故か必ず逆も訪れる。
よくできてんなぁ人生って。って感じ。

18の夏に事務所に預かりでいさせてもらうことになってから
とにかく仕事がなかった。びっくりするほどなかった。普通にフリーターだった。

それでもご存知の通りそこまで持ち合わせていないので
ハングリー精神を。

それはそれでぬくぬくしていた。
なんなら今まで味わえなかった青春みたいなものを
19歳にしてめちゃくちゃに楽しんでいた。
バイト行って、教習所通って、友達の家に連泊して、彼氏できて、
彼氏もいるグループの子たちとずーっと一緒にいて、みたいな。

それはそれで今考えると必要な大切な時間だったけど
その時は私のそんなぬくぬくした感じもきっと相まって

マネージャーさんたちには散々怒られた。

今でも覚えてるお叱りの言葉ベスト3を発表しますと
「今のあなたが突然辞めるって言ってきても全く止める気はない」
「丸くなって、つまんない芝居するなよ」
「誰よりも台本を読んでないし読めてない」

もちろん全て、愛情からの言葉だったがシンプルにズタボロになった。

それを言われたのは全て同じ夜の事務所の食事会

ずーーーっと泣いてる私を見て
「泣くなら変わるか帰るかしなさい」
と言ったマネージャーさんを横目に社長がこっそり近寄ってきて
「今日のおべべ可愛いね」って言ってきた。

お説教中だし、号泣中だし、必死に笑いを堪えた。
こんな時にどうして……？ってなったけど必死に堪えた。
バランスの取れた良いチームワークだった。

そこから、明確に何をどうしたわけではないが意識が変わった。
正直いうとムカついたのだ。
今まで数々の人たちに思ってきたものとはまた違うテンションで
「見てろよ」って思った。

そんな中で久々に受かったのがドラマ『GTO』だ。
恩人、飯塚健監督との出会いでもある。

インの前に軽いワークショップがあって
一人ずつとかグループずつとかでお芝居して
結果、飯塚さんが放った一言は
「松岡茉優くらいかな、観れる芝居は」

クソッたれって思った。
そこでやっと気づいた。

悔しいとか全然思うじゃん。
なんならちょっと前から芽生えてるじゃん。
ちょっとくらい持ってんじゃんハングリー精神。

元々、もうこれ受からなかったらしょうがないから辞めるか。
と思ってたら受かった『GTO』。
相変わらずのいじめっ子役だったけどこの際なんでもいい。失うものなど何もない。

失うもの無き者は時に最強になる。
守るものがある人もそうだけど。
いや、結果みんな強くね？

脱線したが

とにかく食らいついた。
その時の自分のできる限りは尽くしたつもりだ。
毎度そうあるべきだし、そうしているつもりだが。
その時は特にそうだった。

結果、飯塚さんとは今でもコンスタントにお仕事をさせて頂いている。

当時20歳の私に、飯塚さんは
「少なくとも3年は頑張れ。
3年で確実に状況が変わる。

焦ることない。10年経った時に
今あなたが自分のほうが負けてるとか、
劣ってるとか思ってる奴らが
自分と肩並べてるか
自分には手の届かない場所にいるか
確かめればいい」
そう言った。

なのでそこから尚更がむしゃらにやり尽くした。
なにより再びスランプを抜けることができたこと、
お芝居をする場を与えて頂けてることが嬉しくて楽しくて仕方なかった。
お芝居を始めた当初を思い出した。

その当時を支えた
未だに私のお仕事に対する気持ちを表すのにうってつけのテーマソングは
SEKAI NO OWARIさんの『TONIGHT』でぇす☆
聴いてみてね！

脱線したが

それから3年後。
映画『獣道』
連続テレビ小説『ひよっこ』が
上映、放送。

どちらも私の大転機。

あれだけ縁がなかった映画で主演を務めさせて頂き、
あれだけ縁がなかった朝ドラに出演させて頂いた。
飯塚さん……占い師だったんだ……って思った。

そこがゴールではないし、むしろスタートであって
スタンスは至って変わらないとは思いつつも状況は明らかに変わった。
オファーなんて自分には来るはずがないと思っていたのに
有難いことにコンスタントに頂けたりするようになった。

成り上がり人生をひけらかして「はいどうだ」ってことじゃない。
なんなら未だに夢見心地だ。

自分がありえないと思っていたこと、諦め切っていたことが
何故か現実として時に大きな壁として立ちはだかってくる。

意見を聞かれることも苦手だし
なんなら聞かれることなんてないと思っていたのに
むしろ求められる機会も増えた。

気づかなかったこと、気づけなかったことにも
気づくように、気づけるようになった。
でもそれは本当に良くも悪くも。

そうなったらなったで変わったねって言葉がとにかく怖くなった。

するとまた金言が降ってくる。
『女王の教室』で共演した福田麻由子に
久々に会って、たまたまその恐怖を打ち明けた時。

「どんな沙莉も沙莉なんだから。
変わらない人なんていないし
つまんないよそんなの。

視点を変えれば沙莉を見る人の
見方が変わったのかもしれないでしょう？」

そしてまた強くなる。
その繰り返し。

贅沢にも移り変わる現状に戸惑ったり、不安になったり
忙しい日々ではあるが、どれもこれも心底有難い。
幸福な日々だ。
それもこれも全ては人生に関わってくれた交わってくれた方々の
言葉や支えあってこそのことだ。

母さん、沙莉は今改めて
母さんの教えを実感しています。

どんな現状にも満足し切ることはない。
したくもない。
まだまだ進みたい。
まだまだ全然未熟者の役者伊藤沙莉だが、
次々に立ちはだかる新しい現状をもがき苦しみ悩み楽しみたい。

もちろん感謝を忘れずに。
だからこそ、
そんな大事なあれこれ踏まえての今だからこそ。
初心に戻ったつもりで、あえて言いたい。
第二章のスタートだと。

あとがき

２０２０年のどコロナ禍に
この本のお話を頂きました。

受けさせて頂いたのは
ステイホーム中での
やることを頂けた有難さはあったものの
興味本位だったのが正直なところで
文才なんて全く持ち合わせておりませんが
「書く」ということに
全てをぶつけたり、込めたりする時間は
何気に自分にはすごく合っていたんじゃないかと
書き終わって解放された若干の寂しさから
憶測しております。

私は基本的に、
自分の口から放たれる言葉に
自らが一番驚くなんてことがとても多いのですが

この作業の中でも驚きは沢山ありました。
あまり素直ではない性格のため
素直な言葉で書き連ねているのも
若干の照れと驚きがありました。

幼少期のこととか含めて、
丁寧に思い出す時間っていうのは
普段生活していて
そうそうあるものではないので
後ろばかり向いてはいられませんが
たまにこうやって振り返るのも
悪くないなと思いました。
自分がつけてきた足跡を辿ると、
あー、ここまでなんだかんだいい人生だったなぁ
なんて思ってまた前を向くことができました。
まだ27年しか生きてないんだけどね。

この本を書くにあたって
身近の何人かに自分自身のことを
聞いてみた時に、

面白いなぁって思ったのは
兄から言われた「受動人間」。
とにかく能動的なことが苦手なんです。
言われたことをやる、とか
そういうのは好きだし
どちらかというと得意なんですが。

なので自分で考えて
これが書きたい、これについて話したい
と思えるものを探すのがまず大変で。
そうなるとやっぱり
私を語る上で家族の話は必要不可欠でした。

まあちょっと、若干
結婚式の手紙ですか?的な印象もなくはないですが、
難しい言葉なんてのも苦手でしてね。

チョロチョロと出てきても
ほとんど語っていない父に関しては
どうしようもない人だったけど

とにかく良い奴だったし、
兄同様、どうしたって大好きだったので。
それはそれでそのくらいの情報で
勘弁してやろうという感じです。

仕事面においては
自分で選んだ道の途中で自分に降り掛かった色々を
一言で「苦労」とも呼びたくなくて。

そんなんつきものだし、
なので経験とか思い出のような形で
消化できたらなと思いました。

昔から記憶力だけはまあまあ良くて
だったらそれをフル活用してやんべ
という感じでした。

「スタート」に登場した
現事務所に連れてって下さった前島さんという恩人。
実は私がぬくぬくしている時期に永眠されました。

すごく悔しくてそれが。
なんの結果も残せずなんの報告もできなかった。
せめてこの本を報告書のつもりで
とりあえずなんとかやってますってことで
持って挨拶に行こうと思います。

人や作品との出会いに
本当に恵まれているなぁと常日頃思っていますが、
改めて人の支えを感じる
大切な、貴重な、素敵な時間を与えて下さった
出版の方々には感謝でいっぱいです。
ここもまた恵まれた出会いでした。
本当にありがとうございました。

一応確認のため家族に
自分たちの篇だけ
個々に読んでもらったところ
姉からは「あぶねー泣くとこだった」
伯母からは「とっても嬉しいです。救われました」
母からは「ここまで立派になったんだもん。

もう何を書いても口出ししないよ」
兄からは「GOで」
と言われました。
兄だけが本当に心底素っ頓狂で
思わず笑ってしまいましたが
みんな口を揃えて「ありがとう」って言ってくれました。
自己満ですがそれだけでも
本当にやってよかったって思えました。
母と伯母に関しては、
見せるのちょっと怖かったりもしたんですが、
二人とも溢れるものがあって、でも笑ってて。
私にとっては幸福の極みです。

芸能生活何周年記念、とか
キリのいい年齢、とか
そんなの全然なくて
芸能生活は19年目だし歳は27だし
中途半端っちゃ中途半端なんですが
ここまでの人生、小娘なりに
「タイミングってあるよなぁ」って

最近になって特に思うので、
「いま、このタイミングで書く」ってのが
すごくしっくりきたんです。

強いて言うなら
「スタート」でも書いた
「伊藤沙莉第二章」
これが大きいかなとは思います。
誰に言われたわけでもない
ただ単に自分の中でなんとなーく
思っていることだし、
そんなこと言うにはまだ早すぎるけど
とりあえず一旦、
自分に「おつかれさま」って言うつもりで
第一章を締め括らせて頂けたと思います。

篇によってはなかなか進まなかったり
進められなかったりはしましたが
なにより自分と向き合えた時間がとても有難かったです。

最後まで読んで下さった方、
先にあとがき読む派の方、
なんだっていいです。
とにかく手に取って下さって
本当にありがとうございます。

これからもより一層、
日々精進して参りますので
何卒、宜しくお願い致します。

じゃあちょっと書き終えましたってことで
一旦、ご褒美ビール頂いてきますね。

ではでは
2021年5月　伊藤沙莉

撮影協力　乗馬クラブ クレイン東京　東京都町田市真光寺町1227 042-718-4404
at Kiln AOYAMA　東京都港区南青山6-6-22 03-5778-3196
Y.Y.G. FACTORY　千葉県千葉市中央区長洲1-23-4 1F 043-306-2556
衣装協力　TEN. info@online-ten.com 092-409-0373
Special Thanks　株式会社アルファエージェンシー

伊藤沙莉　いとうさいり

1994年5月4日生まれ。
9歳の時にTVドラマ『14ヶ月～妻が子供に還っていく～』でデビュー。
近年の作品に、配信ドラマ『全裸監督』、TVドラマ『これは経費で落ちません！』('19)、
『いいね！光源氏くん』、TVアニメ『映像研には手を出すな！』('20)、
映画『タイトル、拒絶』『ホテルローヤル』『十二単衣を着た悪魔』('20)など
TV・映画・舞台・CMと大活躍。これらの仕事に対し、
2020年、第57回ギャラクシー賞個人賞、東京ドラマアウォード2020助演女優賞、
2021年、第45回エランドール賞新人賞、第63回ブルーリボン賞助演女優賞などを受賞した。
本書は初のフォトエッセイ。

【さり】ではなく【さいり】です。

2021年6月10日　初版発行

著者　伊藤沙莉《いとうさいり》

発行者　青柳昌行

発行　株式会社KADOKAWA
〒102-8177 東京都千代田区富士見2-13-3
電話 0570-002-301（ナビダイヤル）

印刷所　凸版印刷株式会社

本書の無断複製（コピー、スキャン、デジタル化等）並びに
無断複製物の譲渡及び配信は、著作権法上での例外を除き禁じられています。
また、本書を代行業者などの第三者に依頼して複製する行為は、
たとえ個人や家庭内での利用であっても一切認められておりません。

●お問い合わせ
https://www.kadokawa.co.jp/（「お問い合わせ」へお進みください）
※内容によっては、お答えできない場合があります。
※サポートは日本国内のみとさせていただきます。
※Japanese text only

定価はカバーに表示してあります。

©Sairi Ito 2021 Printed in Japan

ISBN978-4-04-896932-1 C0095